オリオンの癒し

EL・AN・RA

エル・アン・ラー

超次元転換のカギ

ソララ
Solara［著］
Nogi［訳］

ヒカルランド

銀河間戦争で傷ついた　すべての人々へ
光の勢力と闇の勢力、両陣営へ
かつてオリオンで死闘を繰り広げた　皆様へ
未知〈アンノウン〉へと踏み入れる　すべての勇者へ
「いざ、可視を不可視へ」

はじめに

もう何十年も前のことです……まず、EL《エル》・AN《アン》・RA《ラー》の記憶が断片的にですが蘇って、それらを書き残すことに決めました。それら、一見無関係に思える断片を繋ぎ合わせて、出来上がったのがこちらのお話です。初めは、書籍として出版する意図もなかったのですが、終わってみると一冊本を書けるくらいの長編になっていました。驚いたものです。

書き始めてすぐ、「あら、これは地球の話じゃない?」と気づきました。かつてオリオン座で完全に分断され、二元性の原理に翻弄され、敵対することになった勢力間による、熾烈な宇宙的抗争があったという記憶が蘇ったのです。(地球の話じゃないというより、他の星系でのお話と言った方が正確ですね)

執筆中、オリオン星系のエネルギーを持った方々とも交流しているうち、「オリオン・インプラント」を今も引きずっている人を何人か見かけました。そして感じたのです。オリオンの記憶を完全に取り戻し、浄化し、癒すことの重要性を。このお話を読むことは、二元性を卒業するためにも、必要なステップなのだと。

前作『レムリアの王 アルタザールの伝説』に続き、本作も比較的サラッと読むことができる物語方式に仕上げました。笑いあり、涙あり、愛と勇気の感動的な場面も用意してあります。ですが、表面的なシンプルさに惑わされて読み流さずに、物語から得られるであろう「宇宙的教訓」を大事にしていただければ、嬉しい限りです。とてもパワフルで、いつでもタイムリーな、私たち全員にとっての大事な教訓《レッスン》が、このお話には込められています。

それと、本書を読み終えた皆様が、我々全員の物語のエンディングを描くために、最善を選択してくださるよう、願っております。そうです、私たちの旅は未完なのです。ＥＬ・ＡＮ・ＲＡのお話には、自由への鍵と、二元性の枠を裏返しにする力があります。

こうして本書が皆様の手元に届いたのは単なる偶然ではなく、今が皆様にとっての「思い出す時」だからです。忘れ去られてしまったこの物語を思い出して、完成させる時が今なのです。

この物語は、私たち全員が関わる物語です。この世界に時間が始まった時からずっと、私たちは「宇宙二元性劇」を演じ続けてきました。つい最近まで、二元性や分離の幻こそが本当の現実だと錯覚していた方々も、珍しくはないはずです。

二元性〈デュアリティ〉からの解放と、一元性〈ワンネス〉の意識発生を求める、私たちの聖なる旅路において、オリオン座は避けては通れない道です。なにしろ、オリオン座こそが、この宇宙の「二元性の大枠」の全てを司っているのですから。オリオン座の中央にあるオリオンベルトのEL（ミンタカ）・AN（アルニラム）・RA（アルニタク）の三つ星は、この世界で私たちが知覚している「現実」の留め具、制御点〈コントロール・ポイント〉なのです。そして、三つ星の中央「ANの目」から、私たちは「11：11の扉」の向こう側へと旅立つことになっています。

オリオン座には三つの区画があります。一つは上部、ベテルギウス星の管轄下にある区域。ここは光の戦士たちの拠点です。リゲル星が管理する下部区域は、魔王軍のトップ「オムニ」が支配する、闇の勢力の拠点です。そしてEL・AN・RAが並ぶ区域は、「重複域〈ゾーン・オブ・オーバーラップ〉」と呼ばれ、オリオン座の中心に位置しています。ここは、光と闇の神聖な合体を経て、一元性に帰する場であり、天空の神々〈エロヒム〉が統括しています。

地球上で幾度もの転生を経て、私たちはオリオン座の示す「二元性の法則」にずっと縛られながら生きることに、慣れすぎてしまいました。宇宙的二元性劇の一役者として、ある時は光の衣装を、またある時は闇の衣装を身につけ、自分の道こそが真実であり正義と信じ、何度も何度も、台本通りの演技を繰り返してきました。

しかし皆様、もうすぐ終わりです。二元性を超える瞬間は、すぐそこです。相手を悪者に仕立て上げる為に着ているその衣装を脱ぎ捨てましょう。自分が光でも闇でもなかったことに、今こそ気づきましょう。私たちは自分たちを分断して敵同士にしているだけだったのです。そして、全ての幻惑の下に隠されてきた、真実の「一なるもの」になりましょう！

これがオリオン座「EL・AN・RA」の、大事な教訓です。私たちの本質は「一元」、どちらかが正しいということはなく、皆一つです。それを教えてくれるオリオン座そのものが、巨大な「アンタリオン転換機」なのです。中央の重複域で、この世の全ての両極性は、一なるものへと収束します。現在、私たちが自分の内側で実践しているのが、これです。オリオン座と同じことを私たちは内側でおこなっているのです。一元性を私たちの現実として、絶対に覆せないレベルにまで定着させるまで。そして、超現実〈ウルトラ・グレーター・リアリティ〉に移り住む、その瞬間を迎えるまで。

今はその「完成の時」の真っ最中です。この先、自分が移り住む世界を、自分自身で選択する時が、必ずやってきます。未来は、二元性のままがいいですか？　それとも、一元性の現実へと進みますか？

今まさに、私たちが未来を描いているのです！

私は古き者の一人……
この期に及んで　草臥《くたび》れた肉体を纏い
魂は悲鳴を上げ始めて

外見からでも　容易に見分けがつくでしょう

どんなつらい過去を背負っていれば
こうなるのでしょう
悲しみが湧き出続ける　底なしの悲嘆の井戸
想像を絶するほどの　悠久の時
そこにずっと埋もれて

見えづらくなった　自分自身の正体

この受難も
元々は自分で立ち向かうことを受け入れました

永い永い地上での転生周期
古い記憶が霞んでいく
でも
ここにきて　そして元いたところへ還るのは
自分自身で選んだ宿命だったのです

この旅もあと少し
この惑星上で
愛をもって献身し続け
目指し続けてきた
大昔の自分自身

疲れ切ったその姿を
次の段階へ

新しい私へ……
新しい　次の私へ……

最後まで歩みを止めない
間に合わなくなる前に
そこへ

再び自由の翼を広げ
中心核へと　戻っていくため
先のその先へと
故郷へと
いつか還るために

目次

カバーデザイン　三瓶可南子
カバーイラスト　ソララ
校正　麦秋アートセンター
本文仮名書体　文麗仮名（キャップス）

記憶の欠片《かけら》

淡い黄色の布を体に巻きつけている女性が、静寂の中で一人座っていました。頭上には満天の星。夜空いっぱいに輝く星々の一つひとつは、無数の世界で繰り広げられる無限の現実を見つめている、「目」なのです……

突然湧き起こる、その感覚。
「忘れてしまいたい」

自らを消去しようとする記憶。その反面、大事だから覚えておきたい、失いたくない。それまでも何度か経験したことがある、この謎の感覚。経験すればするほど、本当は何が起きたのか、彼女は理由を知りたがるようになりました。これが何なのかは分からなくとも、思い出さなければならないことだけは確かでした。しかし、思い出すと言っても、何を？

沈黙に沈む彼女の視界に、一つの輝く星が入る。数週間ほど前から、なぜだか気になってい た星でした。彼方の方から、チカチカと光を送って、アピールしてくるのです。星はこんなに 沢山、数えきれないほどあるのに、なぜこの星だけがこんなに気になるのか？　恐らく彼女は、 その星に呼ばれていたのです。だからエネルギーを送ってきているのでしょう。「気づいて！」 と。

その時突然、星天へと続く「トンネル」が目の前に現れました。その穴が星天界へと続いて いることを、彼女はすでに知っていました。未知への畏怖で後ろ髪をひかれながらも、何か思 い出せるのではという期待を胸に、トンネルの中へと身を投じることを決めました。

辿り着いた世界の果てにあったその星には、たくさんの球体があるのが見えました。それら は全て、筒状のトンネルでお互いに繋がっています。しかしその時、彼女は屋根の上にいた自 分の肉体の方へ意識が戻ってしまったのです……

『ダメよ、答えを焦って求めてはいけない』本能的に感じた結果の、反射的行動でした。

強い風が一度、体に吹きつけてきます。そして風は止み……

『絶対に思い出す！』

そう心に決めました。たとえ全てを知って、これまで積み上げてきた人生観や教訓の何もかもが、完全に変わってしまったとしても。知らなければいけないのです。

オリオン

ずっと監視してきた

あの三点を見守り続けてきた
天の観察者
未知への扉の門番

それがオリオン……

光と闇の　終わりのない戦い
しかし　終わらない戦いこそが
神聖な任務であり　絆であるのです

この宇宙を　定められた運命に固定する
聖なる制御点の番人

あなたの力場に触れた途端
現れた　剣の滑走路
これまで見えなかった星々が
私の行く道を　照らす
中心の扉へと　進んでいく

私を呼ぶ声が聞こえます

EL・AN・RA

だから　その通りに進みました
そこに　星々が照らし出す　道があったから

オリオンよ……

戦場としてしか　あなたを知らない者もいます
闇の聖地であると

しかし　本当のあなたは
聖なる扉を守るための戦士であると
私は知っている

けれど　あなたに近寄ると　やっぱり怖くなってきて
冷たい疑念の感触で　心の中がざわめく
しかし私は前進を止めませんでした
私を呼ぶ声が　内側から聞こえるから

未知へ
先の　そのまた先の
全てを思い出した

さらにその先へ

内なる聖室
その場所は　静寂だけが知っている

記憶が蘇るのは
その扉の向こう側
よく知っていた世界
親愛なる全一

ここが私の故郷

計り知れないほど長い時の中で
ずっと心の奥底にしまい込んで
密かに憧れていた場所

不安も迷いも　晴れていき

バラバラになった私の欠片《かけら》を集め
運命の旅に意識を集中し
抵抗せず　流れに身を委ねます

抗し難い電流に引っ張られ
磁力に引き寄せられ
螺旋を描いて　内へ　内へと

一切の光がない
暗闇の底へ

……このまま出られなかったらどうしよう
窒息しそう
私　ここで死ぬの？　死んだらどうなるの？

底なしの虚空に　ひたすら落ちてゆく
そこは純粋な無で

一切が存在しません
自分を着飾る全ては　取り払われてゆき
私は
忘却の海へと落ちていきました
深い　暗い　暗黒の海へと沈んでいきました

静か……　平和なのね　ここは

完全なる無に浮かぶ　無の私

何かを欲しがることも　考えることもない
全てが一つに溶け込んでいて
暗闇は全てを包み込む

流れ　磁力に身を委ね
帰り道も分からないまま
私はひたすら引き込まれていきました

もっと内へ　内へ
内側の中心以外に
行き先はありませんでした

見えた！

あそこに光が！
あっと危ない
目が覚めそうに……　起きちゃうところだったわ

光に向かって手を伸ばそうとします
すると　朧げな記憶が私に警告してくるのです
「ここから先はダメだ」と
未来を宿した子宮の中に
今は留まっていなければ
それはまだ顕在化していない
まだ私が具現化すべきでない

今はまだ　不顕在の静寂の中にいなければならないと

大丈夫
光が私を見つけ出してくれる
絶対にいつか　来てくれる
誕生の時を伝えに

光は　予想のつかないやり方で
後ろの扉から
光り輝く世界へ
きっと私を送り出しに　来てくれる

壮麗な家路への歩み
帰還の夜明け
輝かしい光よ　私の道を照らしたまえ
長い間忘れてしまっていた
かつての意識の音程を通って

創られたばかりの
私の光の体を
好奇心の目で見てみると
それは透き通っていて
虹色に輝く　愛の液体の筒でできていて
翼を羽ばたかせて　飛んでいるのを認識しました

私の旅は　終わりそうで　まだ終わらない

私の向かう先に
銀河系が見える
脈動し　回転し渦巻き
猛烈な気体を外へと送り出しながら　燃えるように螺旋を描く
凄まじい　剝き出しの自然の力

あぶない　このままじゃぶつかる！

避けられない　ぶつかる！

私はすぐに
燃えて　消滅しました

純粋な大自然の一滴になって
燃える中心太陽〈セントラルサン〉と一つになりました

いつかまた　優しく外に送り出されるまでは
ずっとそこで　一体となったままで

そしてまた
自由に飛び立つ時が来て

無限に膨張し
重なり合う

これが　心宇宙の道〈ハート・スペース・チャネル〉
合図が聞こえた
誰かの息づかい
私という　星の鼓動
故郷へ　帰る時なのね
先のその先へ！

その物語はここから始まる……

1　クラーラ

遠い遠い、記憶の彼方。この物語は、その記憶の中で起きた実話です。しかし、今となってはもう実話ではありません。「どういうこと？」と思われるでしょう。簡単なことです。歴史は削除できるのです。というより、歴史の方から、私たちに削除依頼をかけてくるといった方が正しいでしょうか。なぜ歴史記録を消すのかというと、「思い出す」ことと「自由になる」ための第一歩だからです。私たちは、完成するために一度忘れ、その後思い出す必要があるのです。思い出す過程で、忘れていた自分自身の欠片と融合していき、自分自身の全体性を再発見していきます。聖なる統合を遂げていく間、封じられてきた記憶が幾度となく開封されます。その結果、体がもっと軽く自由になり、ここまで来た道のりを辿って、本当の故郷へと戻っていくのが容易になります。同時に、後ろに残してきた歩みの記録は、そっと消していきます。

これからお話しするクラーラ（Kurala）の物語は、私にとって消し去りたい、恥ずかしい過去です。表面上は、失敗続きで後悔の念に苛まれているだけに見えるでしょう。確かにあの頃の私は、いただいた霊力を悪用していました。しかしそれは、他人への思いやりの心を育むために、私に必要な人生経験だったのです。人間というものを余すことなく知るには、このような転落も経験する必要があったのです。人類はそうやって過ちを犯しながら、進化の螺旋階段を昇っていくことができるのです。

だからこれは、昔の私の話です。ただし昔のことすぎて、本人も詳しいことまでは思い出せなくなっています。それでも、その時に味わった挫折感や苦悩、それに絶対に忘れてはならない大事な教訓だけは、掬い取ることができたと思います。焼き印のように私の魂に押されたそれらの汚点は、自分が本当は何者なのかを完全に思い出せるまでは、絶対に消えてはくれません。

クラーラの人生を通して二度としないと誓ったのは、己の力に酔って他者を操ったり傷つけたりすることです。自分の持つ力の強大さを、自ら恐れてもいた時期がありました。それからずっと、私はなんとか罪滅ぼしをしたくて、あえて横暴な人の周囲に集中して転生してきたこともありました。そうして自分を被害者の立場にわざと置いて、自分の「智力」、あるいは力を持った智慧を見せることなく生きていきたいと思っていました。

ここでは語り尽くせないほど長い転生周期を地球上で経てきました。いつも隅っこでうずくまり、目には恐怖を浮かべ、苦悩していた過去世の私と出会ったことがある方々も、読者様の中にはいるかもしれませんね。いつも泣いていました。貧乏籤を引かされたとか思いながら。なんとか自分の罪を償って、早く自由になりたいとも思っていました。

何度も転生してきましたが、どの人生でも、クラーラ並みの「透視力」はずっと持ち合わせたまま生きてきました。その目を使えば、獰猛な幻惑のベールを突き破り、本質を見通すことができるのです。堕落や欺瞞で生き残ろうとする人にとって、私の幻視能力はかなりの脅威であるようです。だからなのでしょう、過去世で私は何度か彼らに見つかっては、拷問にかけられ、火刑に処されたりしました。

でも、私の方も自ら犠牲になることを選ぶ傾向がありました。ただ、いつ死んでもいいと覚悟を決めて、目の前の光景の証人になろうとだけしていたのです。「目撃者」の役目を請け負う選択をしたのは、私の方なのです。殺された方がマシと思えるほど虐待をされても、あるいは自殺を強要されても、私はただ静かに、ありのままを目撃していました。また昔のように自分の正義を語って権力を行使するよりかは、黙って観察している方がまだいいと判断したのです。

「そんなすごい天使が、何をそんな縮こまって生きているの？」とお思いでしょう。「そんなすごい力なら、見せてみてよ」

　私も同じことを、それこそ数え切れないくらい何度も、自分自身に問うたことがありました。そのうち、はっきりとした理解が、暁の光のように、心の中に差し込んできました。クラーラの物語は私だけの物語ではなく、皆様の物語でもあります。皆様の心にも、彼女の欠片が生きているはずです。私だけでなく皆様にも、表面では「堕天」に見える過去の汚点から、自分自身を救いたいと思う心があるはずです。なぜ分かるのかというと、私たちはもともと一つの存在だからです。そして、私たちは本当は、自由な存在です。

　今世では遂に他者に献身するために生まれ変わってきたので、私は恥ずべき過去を明かそうと思います。実のところ、完全に消された歴史を思い出すというのは骨の折れる作業でして、新月の夜に真っ暗闇の中で、色のないインクで書かれた文章を読むような、無謀とも言えることです。それほど、か細くて儚い記録なのです。

　触れれば即、粉塵になってしまう。そんなクラーラの物語を思い出せる限りで補完していきたいと思います。そして、黄金渦の新音程〈ニュー・オクターブ〉へ……

クラーラ・イメージ・ギャラクシトロン

実験Z104ZZL
周波数ひずみ　Δ6QB－000
グリッド推移　ヌルゾーン
黒‥‥立方体‥‥配置‥‥済み‥‥‥‥‥‥‥‥ベクター‥‥6‥‥‥‥‥‥‥‥フォトン‥‥霊‥‥創作‥‥の‥‥‥‥‥‥‥‥アストラル‥‥密度‥‥界‥‥G14‥‥‥‥‥‥‥‥立方体‥‥予定‥‥通り‥‥不協和‥‥ソナー‥‥パルス‥‥発射‥‥‥‥‥‥‥‥スネア‥‥も‥‥設置‥‥済み‥‥‥‥‥‥‥‥逆方向‥‥グリッド‥‥を‥‥定位置で‥‥展開‥‥‥‥‥‥選抜‥‥された‥‥犠牲者‥‥を‥‥待ち伏せる‥‥罠‥‥‥‥‥‥‥‥ブラック‥‥キューブ‥‥内‥‥最大‥‥警戒‥‥ヌル‥‥ゾーン‥‥‥‥‥‥‥‥待機中‥‥‥‥‥‥‥‥ヴォルテックス‥‥‥‥回転‥‥発動‥‥‥‥‥‥カオス‥‥‥‥と‥‥‥‥混乱‥‥‥‥を‥‥‥‥発生‥‥させる‥‥‥‥旋風‥‥‥‥‥‥視界不良‥‥ゼロ‥‥‥‥‥‥微粒子‥‥‥‥物質‥‥宇宙‥‥塵‥‥攪拌‥‥‥‥‥‥不調和‥‥つんざくような‥‥不協和音‥‥‥‥‥‥‥‥‥‥

天使が、目の前に現れました。

しかし、彼女は絶望していました。
宇宙塵で視界は遮られ、身動きが取れません。

灰色の微粒子が彼女の翼にまとわりつき、
重くのしかかります。
これではうまく飛べません。

更なる強風が彼女を襲い、衣が破け始めます。
怖くなって、小声で叫び声をあげます。

翼が重い。
落ちる。泣く。落ちていく。涙が止まりません。
無領域〈ヌルゾーン〉の奈落〈アビス〉へ、堕ちてゆく。

体に繋げられた格子〈グリッド〉は蜘蛛の巣のよう。
網が閉じて、密度で押しつぶされ
想像を絶する苦痛と恐怖。

「ここから出して！」

悲痛な叫び。

恐怖と混乱がその場を支配していました。

闇に押し潰され、自分が消えてしまいそうになります。


彼女は罠にかけられたのです。

2　人質

その王宮はとても大きく、全てが灰紫と灰緑という酷い色合いで統一されていました。はっきり言って、愉快とは言えない配色です。それに、暗い色なのに不似合いなあの光沢。あれはベトベトに濡れた表面に光が反射しているからのようです。壁という壁が、奇妙な光沢を帯びています。さらに建物の形も奇妙で、よく分からないところで湾曲していて、四方八方に突き出た先端の塔が見えます。つまり、全く左右対称でもなければ、どこを探してもバランスのあるものは見当たらず、均衡や調和などの言葉とは無縁の、異常な様相の建物なのです。空気は澱んでいて、湿り気を帯びており、腐り始めた洋ランの花のような、自己主張の激しい悪臭が漂っています。クラーラは、そんな陰気な場所で捕らえられていました。天使は牢屋の中でもがいていました。

彼女は床に伏せ、ただただ恐怖に震えていました。今は怯え過ぎて、逆に涙も出ないよう。時折、黒い蜘蛛族が通りかかり、毛むくじゃらの黒い脚で突っついてきます。クラーラはそれを、死んだふりを決め込んで、やり過ごそうとします。いっそ一思いに殺された方がマシかと思えるほどの、地獄でした。生きた心地がしません。この場所の全てが不快極まりありません。彼女の清純さを、徹底的に損なわせてきます。汚染された空気が彼女の内側まで侵食します。ここまで酷い世界があるなんて！　神がこの宇宙を創造したというのなら、このような場所をなぜ創ったのでしょう？

可哀想なクラーラ。気を強く保っていて。そんな状況に置かれた彼女に、ある日、限界が訪れました。張り詰めた糸が切れ、全ての感覚が失われてゆき……　外世界の否定と断絶に至ったのです。もう、なぜだかは忘れたけれど、自分はここに閉じ込められていて、このまま死ぬのだと思いました。一体、何をしたらこんな状況下に置かれるのか？「もう、いいわ……疲れた……」無感覚が身体中をどんどん侵食していきます。しかし彼女はすでに自暴自棄になっていて、なんら抵抗を示さずにいました……

＊＊＊

それからしばらく経った後、誰かが牢屋の中にやってきました。大型の蜘蛛族です。黒い縄で彼女をきつく縛り上げると、溶けたベルベットのようなねっとりした歌声で、彼女を催眠状態に誘導したのです。忘我、恍惚、狂喜と忘却の歌。そして、既にボロボロになっていた翼を、手術で胴体から切り離します。こめかみと胸部には、無骨な謎の機械が取り付けられます。磁力パルスが発せられ、彼女の記憶の一切を抹消しようとしています。

人格再構築の施術はまだ続きます。彼女の中のあらゆる天界の格子様式〈グリッド・パターン〉を歪んだ不調和の様式に改変し、それらを繋ぎ合わせて、劣等の別人格を仕立て上げたのです。本当の彼女の高潔な人格は、忘却の奈落で眠らされてしまいました。涙を流して、悲しみに暮れたまま、暗がりの中で天使は囚われの身に堕とされてしまったのです。その代わりに、彼女には憎悪と欺瞞の人格の再プログラムが施されました。他人を支配し、より大きな権力を求めようとする気持ちが、彼女の中で強まっていきました。クラーラは恐ろしい蜘蛛族の手駒として、完全に人心掌握された人形と化したのです。

蜘蛛に心を支配されたと言っても、姿形まで蜘蛛にさせられたのではありません。外見はただの美しい女性、しかし一度目をあけると、意地の悪さと冷血さが窺える目つきをしているのが分かります。長く、ウェーブがかった黒髪。口元には冷たい微笑を浮かべ、目にはかつての慈悲の天使の愛情が、微塵も見受けられません。ただ世界への怒りと、力への欲望だけがありました。より強い力を持った者だけが、この世の全てを手に入れられると主張しているかのようです。頼れるのは力のみであり、力を愛と知恵で制御するなど、今の彼女には笑い話に聞こえることでしょう。止めどない力への欲動の向かう先は、自分以外の外界でした。クラーラは今、大勢を操ることで、より強大な力を得ようとしていました。

クラーラの目覚めはベッドの上で優しく目覚めたというものでは全くなく、「飛び起きた」という方が正確でした。起き上がった途端、別人のように刺々しい言葉遣いで、ヒステリーを起こしたように荒々しく叫びます。一歩引いてクラーラの様子を観察しながら、蜘蛛たちはいい仕上がりだと言わんばかりに誇らしげです。こうして蜘蛛族に新たな「女王」が誕生しました。彼らの人格改変実験は、成功したのです。後に彼らの王であるシャーモに進呈するために。蜘蛛たちは、王を鎮められれば、もうあの鋭い脚で脳天を突き刺してこなくなるかもしれないという、淡い期待を抱いていました。

この蜘蛛たちもまた、王に脅された挙句に他種族の女性から自分たちの女王を「製造」する使命を強制されていた、哀れな連中に過ぎませんでした。蜘蛛族の中から女王を選出しなかったのは、蜘蛛女王は王との行為の最中に相手を捕食するという、恐ろしい生態があったからだと思われます。よって、王はクラーラのような異種族を捕らえ、自分の傍におこうとしたのです。

それに、本物の天使を飼っていると言えば、民衆に王の威信を示すことができるとも、考えていたのかもしれません。しかし、純粋な天使というのは、そのままの状態では暗黒の世界で生きていくことはできません。よって、罠を仕掛けて待ち伏せていたというわけです。彼女は壮絶な人格再構築を経て、別人に変貌させられました。ですが、この実験は蜘蛛族にとっても予想を裏切る事態に発展していきました。これが、歪みの全ての始まりを告げる事件となったのです……

天の高み
天使たちが住むところでは
妹の経験している苦境を見て
悲しみの涙を流す天使がいました

星天の光の下で……

3　蜘蛛族の王シャーモ

玉座の間で一人、光も跳ね返らないほど暗い目をした者がいます。蜘蛛族の王シャーモは、これから起きる出来事に期待を示す反面で危惧していることもあるらしく、しかし、いくら考えても良い解決法が見つからない、五里霧中といった状態のようでした。八本ある黒くて長い、毛深い脚を忙しなくカタカタと鳴らしながら、憂鬱そうに過ごしています。鎮座し、良い案の引き出しに集中しています……

惑星ギャラクシトロンの現在の実質的支配者が、このシャーモです。かつて、この小規模ながらも平和だった惑星を、恐怖のどん底に陥れ、周囲の宇宙空間に憎悪をばら撒いた張本人がこの男です。悲劇の始まりは、この惑星にある日突然、一個の隕石がどこからともなく飛んできて、衝突した時からでした。全てのきっかけとなったこの出来事も、実はシャーモが裏で仕組んだ出来事でした。その時の大きな衝撃により、惑星地表に裂け目が生じました。その地獄の入り口は、地中深くの冥界に続いていました。遠い昔に封印された冥界の門が、隕石の落下によって、意図的にこじ開けられたというわけです。

シャーモ率いる蜘蛛族は、隕石の激突によってできた瓦礫の山を苦労して掘り進み、長い間封じ込められてきた冥界から、外の地上世界に出ようとしました。やっとの思いで地表近くまで這い上がった彼らは、ある予想外の出来事から、そこで一旦進軍を停止しなければなりませんでした。冥界からよじ登ってきた彼らにとって、太陽光は眩し過ぎたのです。進んでいた道を遮るように現れた光の壁によって、彼らのうち何人かは目が潰れてしまいました。目がその光に慣れるまで、予想以上の長い時間がかかりましたが、その間もじっと耐え忍び、遂に目が光に慣れてくると、惑星地表面への侵攻を開始したのです。

それまでの惑星ギャラクシトロンは穏やかで平和そのものでした。ごく平凡な、さしたる特徴もない惑星で、住人といえば短身の、優しくて霊界の知識に長けた平和主義の原住民でしたが、それ以外には目立った存在はいませんでした。彼らは、私たちが「妖精」と聞いたときにイメージする存在に近い存在であったと言えるでしょう。ギャラクシトロン原住民の体は光の網のような霊的物質でできていました。よって体は透き通っていたのですが、周囲の環境にうまく溶け込んで、自然と一体になるのに適しているように思えました。体の形は、色彩がさまざまに変化する幕を観察すれば、なんとか把握できます。

そのような霊妙で、陽炎のような幽《かす》かな存在であったし、これまで天敵などにも出会ったことがなく、その惑星上ではずっと静かに生活を営んできた彼らは、防衛手段などを考えつくこともなく、そんな脅威を目の当たりにする日が来るなんて、予想すらしていなかったことでしょう。

便宜上、原住民たちを「ウィスパー」と呼ぶことにいたしましょう。本当の呼び名も、あるにはあるのですが、あまりに幽かな響きの音なので、物理的な音に変換しようとしても私には力不足でできないのです。その名を表すには、文字では重すぎるし荒っぽ過ぎます。仮に文字に落とし込もうとしたなら、ものすごい量の不必要な音で書き表す必要が出て、それだけで一冊埋まってしまうでしょうね。とにかく、ウィスパーたちはその惑星で平和に暮らしていたわけです。その時が来るまでは……

次にどうなるかは、なんとなく想像がつくことでしょう。ですから、描写も簡潔にしてまいります。悲しみは伝わるようにして……

その日、いつもの穏やかな日常を破り、兇悪がウィスパーたちの前に現れました。遂に地上に上がってきてしまったシャーモと、蜘蛛族の手下の大群です。ウィスパーのような幽玄で繊細な生き物は見たことがなかったらしく、多少の戸惑いを見せます。地上は地下とは違い、常に移りゆく世界でした。風は新しい音楽を奏で続け、柔らかな調和のベルの音色を出し、世界は常に変化によっていくつもの表情を輝かせていました。見たこともない、流麗なる世界が目の前に広がり、暗黒不変の澱んだ地下世界からよじ登ってきた蜘蛛たちを、温かく受け入れてくれたのです。

蜘蛛たちは数ヶ月間もずっとその場に立ちすくんで、流れゆく風景に釘付けになっていました。当然、以前いた世界にはなかったものばかりで、さぞかし物珍しかったことでしょう。ただし、自然界の優しい音色や虹色の色彩には無頓着で、自然の美を心ゆくまで吟味できるほどの精神性ではなかったようですが。そしてある時、シャーモは身震いするような「黒い衝動」が全身に流れてゆくのを感じました。次の瞬間、シャーモたちは雄叫びを上げ、毛深い脚の先端にある尖った足を地面に突き刺しながら、ウィスパーたちに猛突進してきました。ウィスパーたちは、何が起こっているのかも分からぬまま、ただバラバラに千切られて、地面に散らばっていきました。

凄惨な光景です。二度と目にしたくない出来事です。しかし、この宇宙にある無数の銀河の至る所で、同じような出来事が繰り返し起きていることも事実です。なぜなら、二元性原理に支えられたこの宇宙では、このような争いと不調和が起きることは、「さだめ」なのですから。

ギャラクシトロンで一つの歴史が終わったその日、どこにいても聞こえてきたあの音楽も止み、全てが死んだように世界が沈黙しました。もうウィスパーは、どこにもいなくなってしまったようです。どこにも見えなくなりました。もしかしたら、あの虹色の葉っぱや、あの花の真ん中と一体化して、ことなきを得たのかもしれません。それとも、川底の石を拾い上げれば、またあの頃のような幽かな虹色が見えるのでしょうか。ですが現実として、ウィスパーの世界は消滅してしまいました。

沈黙の幕が下りた世界で、黒い蜘蛛たちの騒々しい狂宴が始まりました。狂ったように激しく踊り、初めは征服で勝利を収めたことを祝っていましたが、突如、仲間割れの喧嘩を始めました。壮絶な命の奪い合い。仲間同士のはずの蜘蛛たちが、切り合い、削り合い、突き刺し合い、それが夜通し続きました。

ウィスパーたちが住んでいた惑星ギャラクシトロンがシャーモたち蜘蛛族に征服された時のお話は、以上です。細かいところは各自で、テーブルさん座（メンサ座）の惑星ギャラドールにある大図書館に保管されている「星天年代記」を参照なさってください。

その後、シャーモたち蜘蛛族は、ぬめっとした灰紫と灰緑色の根城を、地下深くで網状に繋がった地下トンネル「カタコンベ」の中に築き上げました。惑星全体に蜘蛛の巣がかかり、それは蜘蛛たちが他の惑星にも侵略の手を伸ばしていく段階に入ったという、合図にもなりました。蜘蛛たちがオリオンの暗黒卿に初めて出会ったのは、ちょうどその頃でした。

あなたが受け取る
情報は全て
あなたが持つ情報全体像の
ほんの一部だけを映し出す
ホログラムのようなもの
複数次元にまたがる　本当の現実
一元性〈ワンネス〉

全てのかけらに
それは宿っています

真の理解へ繋がる鍵もまた
そこにあります

4　三大魔王オムニ

　玉座に座るシャーモの前に、三人の人影があります。いずれも漆黒の衣に身を包み、無言で佇んでいます。ただならぬその気配は、周囲の闇のエネルギーを己に吸い寄せる、3つのブラックホールのようです。実際に、周囲の暗黒力を吸い取って自らの糧とし、それで強大な力をつけてきたのだと思われます。その三人からは、人間らしい「情」といったものが感じられません。温かい心や、人情や思いやりの欠片も見受けられません。ただし、外見だけでは彼らの本当の恐ろしさは判断がつかないでしょう。実際に対峙すると、心の底で湧き起こる恐怖心を抑えられなくなる想いになります。彼らは、オリオンの暗闇の支配者「オムニ」三大魔王として知られる、闇の存在の頭《かしら》格です。

　オムニはまるで置物のように微動だにせず、不気味なオーラを放ちながら佇んでいました。ところが彼らの外見は、その威圧感とは似つかないところがありました。端っこの一人は、背が低く、肥満気味な体型をしています。刈り上げ頭で斜視。弛んだ贅肉で見えにくくなった両目から覗く、悪意に満ちた青く光る瞳が印象的です。三人の中では恐らく、一番短気な性格に見えます。その時も落ち着きがない様子で内心イライラしていて、少しでも挑発されたと感じれば、すぐにでも爆発しそうな感じです。

反対側の端っこの一人は、背が高く痩せこけていて、長髪のオールバックです。骨が見えるほどにやつれていて、顔には虚ろな瞳が浮かび、骸骨を思わせます。冷血で横柄、残酷で他人を操るのが得意そうに見えます。

そして真ん中の一人には、一番興味を引かれます。まず、異常なまでのイケメンです。ただハンサムなだけではなく、全身からミステリアスな存在感を放っていて、つい目を引かれてしまいます。知性溢れる瞳にも、見る人を吸い寄せる魔力があり、明らかに三人の中ではリーダー格の人物に思えます。しかし、今回の訪問にはあまり乗り気でないというか、関心がなさそうな様子です。

この三人衆からの視線が集中する蜘蛛族の王シャーモは、普段は恐れることを知らない大胆不敵で傍若無人な性格ですが、この時ばかりは氷よりも冷たくも、名状し難い不安を背中に感じていました。上辺だけでもこの惑星の最高権力者らしく振る舞おうとしますが、気を強く持とうと必死になっている姿が、かえって浮き彫りになっています。王座の上で黒い脚を何度も組み直しながら、シャーモもオムニの方を負けじと睨み返します。そして、王の器を見せつけるため、表面だけは友好的な態度をとります。なんとか暗闇の渦に呑み込まれないようにと、彼も懸命に努力しているのでしょう。実力もあるシャーモですが、このような危険人物三人を一気に敵に回しては、さすがに形勢不利です。

三人のうちの太った一人が口を開き、低い声で話し始めました。ほとんど地震のように宮殿を揺るがす、迫力ある声です。

「俺様はオムニの一人、トライアックスだ。お前は、我々の許可なく惑星ギャラクシトロンを征服したようだな。まったく、なめた真似をしてくれたな。我々はオリオンのほぼ全権を掌握する管理人だぞ。竜座（ドラコ）に最近併合させたはずのギャラクシトロンに、我々の許可なく勝手な侵攻をおこなったお前に、この場で弁解を求める。さあ、答えろ。言っておくが、お前に勝ち目はないぞ。今すぐ我々闇の主に跪《ひざまず》け。さもなければ、無慈悲の鉄槌《てっつい》を喰らわせるぞ。お前らのような矮小な小物など、一瞬で捻り潰せるぞ。抗おうなどとは考えないことだ」

その言葉を聞きながら、シャーモは考えを巡らせていました。黒い目は、底の見えない洞穴のようです。何か手はないか、あらゆる策を講じているようです。

トライアックスと名乗った人物は、さらに脅迫を続けます。

「全能（オムニ）の我々に屈すると誓えば、この惑星に居続けることを許してやる。そのくらいの権限なら、くれてやる。ただし、我々の監視下という条件付きだがな。お前には、この地区でやってもらう仕事を与える。お前のその、悪賢さと残酷さの、正しい使い道を教えてやろうと言っているんだ。おっと、なんとかして我々を出し抜こうなど、考えないことだ。お前のような弱者の考えなど、全てお見通しだ。ゆめゆめ忘れるな！」

トライアックスは丸々太った人差し指でシャーモを指差しました。その瞬間、シャーモはとてつもない激痛を全身に感じます。蜘蛛王が苦痛にのたうち回る姿を見て、トライアックスの口元に歪んだ笑みが浮かびます。トライアックスが指をしまうと、痛みは止みました。

恐怖と殺意でシャーモの体が震えています。再びその体を柔らかな玉座に横たえて言いました。

「我が軍をオムニ軍の配下とすることを、ここに誓います……何なりと申し付けください……」怒りと屈辱のせいか、声は震えています。

「それで良い。だが、いいか、何か不手際があれば、その脚を一本ずつ引き千切ってやるからな！」

シャーモはトライアックスの言葉にビクッと震え、カタカタと虫の鳴き声のような音を発しました。

「お前たちのような弱っちい奴は、別に必要ではない。思い上がるんじゃないぞ。それに、少しでも反抗しようとしたら、即座に死よりも恐ろしい苦痛を味わわせてやるぞ！　ヒッヒッヒ」トライアックスはどうやら、こうして誰かを暴力で服従させるのが好きで、楽しんでいるようです。

「お前たちには、他の惑星を征服する任を与える。その為の戦艦や兵器ならばこちらで用意してやる。銀河のこの区域にはまだ、我々の管轄下にない星がある。それらの惑星に攻め込み、我らが魔王軍に服従させよ。原住民に対しては無慈悲に扱うことを徹底しろ。この惑星を征服したお前なら、心得ているだろう。ただし、目的に利用できそうならば、人質を取ることは構わない。進行状況については随時報告するように。隠そうとしても無駄だぞ。間諜をそこらに忍ばせているからな。反抗できると思うなよ！」

トライアックスがシャーモを再び指差し、刃物で刺されたような苦痛を与えます。脚が全部引き千切られるような痛みです。

苦痛が止むと、オムニの連中が宮殿の外へ出て行ったのが見えました。シャーモのような恐れ知らずの残酷な者でも、あそこまで強大な悪の巨頭が実在することに、驚きを隠せませんでした。

以上が、シャーモたちがオリオンの暗闇の支配者の軍隊に、併合されるまでのお話です。

5　邂逅《かいこう》

シャーモとオムニの出会いは、クラーラの「再構築」が終わるよりも、ずっと以前にあった出来事でした。花嫁の完成を待つまでの間、シャーモは蜘蛛族の兵隊の訓練係に勤しんでいました。蜘蛛たちの尖った脚は、オリオンの暗闇の支配者から提供された最新式の光線銃やレーザー槍に取って代わられました。金属製の軍艦には、オムニ軍からの支援により、宇宙戦争に必要な物資が全て積まれており、異世界への果てしない長旅にも耐えられる仕様になっています。

蜘蛛族も宇宙戦闘機の扱いに慣れてきたようで、星々の間を融通無碍に飛び回っています。シャーモ本人も、宇宙空間での戦闘で相手を撃墜する時の快感に魅了されていました。この時、シャーモたちは積極的に征服活動に没頭していたことで、ギャラクシトロンの地表では、大きな争いのない平和な日々が続いていました。暴力が宇宙空間にその舞台を移してから、地上が平和になったのです。（戦争とは常に、内的な問題から外的な問題へと注意を逸らすために行

われるのかもしれませんね）

ギャラクシトロン戦艦は周辺宇宙に隈なく散らばるため、地表を飛び立っていきました。蜘蛛族が士気を高めようと、皆で狂喜の雄叫びを上げます。宇宙警備隊や惑星の駐留者との間でも、しょっちゅう小競り合いを起こしていました。蜘蛛族は負けず嫌いで嫉妬深い性格です。王であるシャーモはギャラクシトロンに残りましたが、自身も戦いのスリルを味わいたく、悶々とした日々を過ごしていました。ですが、地上でもやるべきことは山積みです。襲撃部隊の編成と指揮、惑星の駐留部隊で起きる仲間割れを諫めることも、彼の大事な仕事の一つでした。それに、もうすぐ誕生する女王蜘蛛クラーラにいち早く会えるように、シャーモはここに居残ることを決めたのでした。

随分と長い間待ち侘びていましたが、それだけ大きな期待を寄せていたのでしょう。彼はクラーラの到来を切望していました。それは、ただ肉欲を満たす相手として彼女を望むからではなく、仕事にのみ注いでいるエネルギーを、伴侶と分かち合いたいという、本心からの願いでした。昔は、シャカールという老蜘蛛に全幅の信頼を置いていましたが、今は他に同族の蜘蛛たちの中で信用できる者が残っておらず、いつ後ろから刺されるかも分からないというストレスの中、常に孤独を感じていました。蜘蛛族は誰もが嫉妬深く、ずる賢いので、王である自分に対しても何をしてくるか、分かったものではありません。ずる賢いといっても、シャーモほどそうである者は、そうそういませんでしたが。彼が王の立場にこぎつけたのも、誰よりも狡猾で冷血な、その性格ゆえだったのです。ですが、どんなに冷たく他人に無関心な性格とはいえ、長年の間自分の治める民衆から恐れられたり、陰口を叩かれたり、密かに嫌われ続けているのは、疲れるものです。支配者でい続けるには、人心掌握のために膨大な労力を日々費やす必要があります。ですから、シャーモが欲していたのは有能な部下ではなくて、腹蔵ない態度のパートナーだったのです。

毎日のように出撃する宇宙戦艦を見送り、蜘蛛たちの軍事訓練を指揮し、かつ同族間の喧嘩の仲立ちをして、王という役割を全うしていたシャーモのもとに、ある嬉しい知らせを伝えに、使いの者が駆け寄ってきました。もう間もなく、女王クラーラが誕生するという知らせでした。

使者が発つとすぐに、シャーモは私用の間に向かい、執事たちに外で待機していろと命令を出し、扉を開けたら命はないぞと脅します。扉を閉じると、シャーモは素早く、特徴的な腕立て伏せを始めました。これは蜘蛛族が興奮した時にも見せる、独特な仕草です。一定の速さを保ちながら、リズミカルに毛深い体を上下に動かします。恐らく一万回以上はやったでしょうか。蜘蛛族としては新記録？　それほど、期待と興奮が収まらないということでしょう。

ひとしきり腕（脚？）立て伏せで体を動かし、少し冷静になったようです。扉を開けて、執事たちを中に呼びます。八匹の幼蜘蛛が部屋に駆け込んで、王の毛深い脚を慎重な手つきでブラッシングし始めました。一本でも毛が抜ければ厳しい罰が与えられますので、ゆっくりと集中しながらやっています。今夜やっと会えるはずの女王には、最高の自分を見てもらおうと、彼も意気揚々と身支度をしています。今宵の香水はやはり、彼のお気に入りの「腐った洋蘭」をセレクト。宮殿中に漂っているフレグランスです。

私室で一人、銀河のあちこちから集めてきた、とっておきの宇宙昆虫食に舌鼓を打ち、夕食を終えた王は私室に戻りましたが、まだ胸のトキメキは収まってくれません。自分の脚は変じゃないか、忙しなく毎分チェックしています。彼女が蜘蛛は苦手だったらどうしようとまで考え出して、今更ながら慌てています。自分が彼女を驚かせてしまったら、どうしようかと。

その時です。浮かれていたシャーモの背中に、異様な悪寒が感じられました。

湧き上がる恐怖に、身震いが止まりません。激烈な冷気の槍が雨のように降ってきているような。他の者には感じられないほど、ごく微細な鋭い恐怖の矢。王たるシャーモにだけ感知できて、王にさえ制御が不可能な、抗い難い力でした。

その恐怖の槍が王を貫いたのは、女王が部屋に入ってきたのと同時でした。彼女はそこに佇み、王の間の隅々をキョロキョロと見渡しています。そのあまりの美貌に圧倒されながら、同時にシャーモは彼女の恐ろしいまでの傲慢さを感じ取りました。ここでお互いの目が合い、王がいたことに彼女が気づきます。初対面ではありません。彼女は以前、天の使いで、彼は冥界深くに封印されていた蜘蛛でした。しかし、この時はまるでお互い初めて出会ったように感じられたのです。

シャーモのことをギロッと睨みつけたクラーラでしたが、突然噴き出して、笑い始めました。こんなおかしな男は見たことがないと言わんばかりに。黒い毛深い蜘蛛男が、ヘンテコな王冠をかぶって、大真面目な顔で王の真似事をしているのです。と言っても、シャーモ本人にとっては至って真剣にやっていることであって、何をそんなに笑っているのか理解ができません。それまでの人生で、他人からここまで嘲笑われることはありませんでした。嫌われたことならば何度もありました。人から怖がられたり、忌み嫌われて、それでも最後には尊敬されて、自分に従ってきた。最初は、この美貌の女性を憎らしく思い、敵意を向けました。この場で殺してしまおうかとも思いました。頭を冷やさねばと思い立ち上がった彼は、先ほどやっていたような腕立て伏せをまた始めました。頭に血がのぼった状態から、一度冷静になろうと思ってやったのでしょう。

ところがクラーラは、王のその変な動き方がツボにはまったらしく、壁に手をついて大声で笑っています。体を震わせながらの爆笑で、しばらく収まりそうになさそうです。シャーモの親衛隊が部屋に駆け込んできて、笑いの収まらない彼女を無理やり押さえ付け、玉座の前の床の上に乱暴に押し伏せました。蜘蛛の脚にはえた鉤爪が彼女の目の前でも光ります。それでも止まらなかった笑い声は、王の腕立て伏せが終わると同時に止みました。王は、クラーラを冷たい目で見下ろしながら、無礼に対する怒りを込めて言います。

「余の名はシャーモ。蜘蛛族の王なり！　余こそはお前の主人である。さあ、余に永遠の忠誠を誓え。余をあざけり笑うことは、金輪際許さん！」

クラーラはゆっくりと立ち上がり、見下したような表情を浮かべたまま彼の前まで歩み寄り、そして冷たい口調で言いました。

「我が名はクラーラ。誰も私の主人には、なれなくってよ。どちらが上か、それはすぐに分かること。だから、今は許してあげる。だって貴方、面白いんだもの。ククク……」

シャーモとクラーラの邂逅の場面でした。二人にとって、大きな分岐点の一つとなる運命の出会いであったと言えます。彼女の中に潜んでいた堕落の種子は、根を伸ばして王宮にしっかり巻き付き、下に向かってさらに成長を進めていったのでした。

6　結婚式

シャーモとクラーラの華麗なる王室結婚式は、順調に進んでいきました。惑星外で交戦中であった蜘蛛を除く、ギャラクシトロン上に滞在中の全ての蜘蛛たちが式に参列しました。皆がクラーラのこの世のものとは思えない美しさに驚き、騒然としています。腰までスリットのある、長めに仕立てられた美しい黒ドレスを身につけ、髪は上に整然と結い上げられ、腐りかけの臭いそうな紫色の洋蘭のマークの飾り付けがされています。隣のシャーモの存在感が霞んでしまうほどに、それはもう際立つ花嫁姿です！

クラーラは勝ち誇ったように下民を見下ろしながら、口角を歪め、不敵な笑みを浮かべています。（こんなくだらないことを大真面目にやって、滑稽な連中だとでも思っていたのでしょう）しかし遠目に見ても、彼女はそこにいる誰よりも、自分のために人を操り使い回すことができる高い知能を持っているように思えました。それにしても、当の本人が罠にかけられてギャラクシトロンに強制連行され、囚人にさせられていたというのに、そんな過去はもうすっかり忘れているようで、今はこうして勝気な態度を取っています。とりあえず、自分を女王として祭り上げ、必死になって縋《すが》り付いてくる、莫迦な毛むくじゃらの醜い蜘蛛どもを見ていると笑いがこみ上げてきて、おかしくってたまらないといった様子です。(蜘蛛族の女王には、確かに似つかわしくない綺麗な女性ですが)

蜘蛛たちの女王の座に就くためには、どうしてもシャーモの妻にならなければなりません。そこは彼女にとっても、妥協しなければならない点でした。何しろ、全く好みでもなければ、そもそも種族的にも異なる相手なのですから。蜘蛛族の女性にとっては、ああいう男が魅力的なのでしょうか？　まあ、それはクラーラにとって、考えるに値しない、どうでもいいことでした。彼女が求めていたのは愛を交わす相手ではなく、「権力」ただそれのみでした。今いる世界での最高権力者はシャーモです。つまり、その力を自分のものにするには、彼の妻になってしまうのが一番手っ取り早いというわけです。民衆は皆、シャーモのことを大いに畏怖していて、逆らうなんて恐ろしくてできないといった様子ですが、クラーラは全く怖がっていませんでした。

心の中でボロクソに貶《けな》してきましたが、シャーモのことで幾つか、評価に値すると思ったところもありました。例えば彼は時折、自分にはないこだわりというか、審美的な一面を見せるところがあり、感情のないただの虫だと思っていたのに意外に繊細なところもあるものだと、少し驚かされました。それに、自分は二本の腕だけでもいっぱいいっぱいなのに、八本の脚を同時に動かせるのは結構すごいなと思ったり。自分が極度に神経質になって精神的に不安定になる時に、彼がブレーキの役割を果たしてくれることがあると、認められるようになってきました。自分でも抑えられないほどの激しい気性を和らげてくれる貴重な存在になっていたのです。それにこの男ときたら、自分に随分入れ込んでいるお馬鹿さんだから、とことんまで利用してやろうと考えていました。ふと気づけば、いつも慎みない愛慕の眼差しでこちらを見つめていました。こちらがそれに気づくと、おべんちゃらを言っていつも何かしら自分を褒めてくれるし、欲しいものがあったら何でもすぐに用意してくれる。そんな便利なシャーモを気に入ってもいました。きっと自分の美しさに魅了されて、すっかり依存してしまい、離れられなくなっているのだと思っていました。自分を慕ってくる者を意のままに操ることに、言い知れぬ快感を覚えていました。

式自体は滞りなく進行していきました。日の前では、糸のような髪の毛を前髪として垂らした蜘蛛女が、葬式のような雰囲気で辛気臭い歌を歌っています。伴奏にはこれまた暗い雰囲気の弦楽が延々と続きます。クラーラは畏《かしこ》まった姿勢のまま、微動だにせず、成り行きを見守っていました。心ここに在らずとはこのことで、宙の一点を見つめています。シャーモも生気が抜けたような様子のクラーラを、若干心配げに横目で見ています。さて、彼女にとってお待ちかねの時がきました。シャーモが手に取った銀色の王冠を、新しく娶《めと》った女性の頭に載せます。

とうとうクラーラは、惑星ギャラクシトロンの女王として正式に君臨しました。立ち上がり、沸き起こる歓声に女王らしい微笑みで応えます。その瞳の奥にある虚無に気づけるのは、正しい色彩が見える透視力を持った人だけでしょう。シャーモも新女王の晴れ姿を誇らしげに見つめています。観衆も、一見仲睦まじい王と女王の二人を、敬愛の眼差しで見つめています。雄叫びがそこかしこで上がり、毛深い脚で地面を鳴らしてシンコペーションを作ります。蜘蛛族は結婚式も、軍隊の行進曲チックな雰囲気を持たせます。

シャーモにとって、この時が人生の絶頂期だったと言えます。ここから、急角度での転落が彼を待ち受けています。利口な蜘蛛の王ですが、自らのプライドが仇となり、蜘蛛の巣に自ら絡め取られてしまったのです。決して汚してはならない「宇宙普遍の法」を犯した者の、当然の報いであったと言えるのかもしれません。

7　侵略

少し、銀河時間で数年ほど時間を進めた場面から、お話を再開します。ここまで、シャーモは数えきれないほど多くの戦争を指揮し、いくつもの他惑星を征服しました。勇んで戦いに臨む蜘蛛戦士を乗せた戦艦が、毎日のようにギャラクシトロンから宇宙に向けて出撃します。言うまでもありませんが、戻ってこない戦艦もたくさんあります。元より、戦場に骨を埋める覚悟ですから。これだけ多数の死傷者を出してもなお、蜘蛛たちは戦意の喪失というものを知りません。戦いなど野蛮な行為に身を投じることでしか、人生の楽しみや自分の価値を見出せない存在のようです。繁殖欲は旺盛な種族なので、死傷者の代わりならいくらでもいて、自己顕示欲を満たそうとする若者たちの欲求は、入れ替わりの激しいランキングの中で繰り広げられる「下剋上」ドラマで満たされていきました。

シャーモはこのような群衆の狂騒を、上手く自分の目的へと誘導する術に長けていました。たまに見失った戦艦が前触れなく戻ってくる場合もありましたが、中にいた傷ついた乗員の多くは、のちに帰らぬ者になりました。宮殿の一角に「もう使い物にならないから」と言わんばかりに追いやられ、水と最低限の食料だけは与えられていましたが、そのまま死を待つ身にされるなど、雑に処理されていったのです。もちろん、蜘蛛族の戦士が黙って死を待つなど、できるわけがありません。宮殿のその暗い一角では、健在の者全てを呪う声と、自分を捨てた世の中を嘆く叫び声が、いつまでも止むことはありませんでした。

一方で、大きな勝利を収め、英雄として凱旋する戦艦もありました。芸術品や宝石など、見上げる程に積み上がった戦勝品の価値を知らぬまま、運び込まれた先の宮殿には、異世界の宝物が蓄積していきました。ただしクラーラは貴重な品物を見分けられる目があったようで、気に入ったネックレスや彫像などを持ち出し、自分の部屋に飾ったりしていました。

戦利品の中には、人身もありました。敗戦した惑星で一番の美しい女性たちはこの惑星へ運び込まれると、戦士たちの慰みものにされていきました。男性の方は鎖に繋がれて奴隷にされたり、蜘蛛たちも嫌がるようなキツイ仕事ばかりをさせられるなどの虐待を受けていました。ちょっとでも反抗したり違反をしたら、すぐに打ちのめされ、拷問にかけられ、奴隷たちにとっては、生きている方がよっぽど地獄でした。

シャーモもよくギャラクシトロンの政治をクラーラに任せ、戦場に向かうことが多くなっていました。蜘蛛たちはシャーモよりも、女王クラーラの方を恐れていました。クラーラといる時の方が、国民が従順になると言われたほどです。なにしろ、女王への無礼は少しも許されず、怠惰な態度をとる者や、何か賢いことを言って少しでも彼女の気に障った場合には、真っ先に処刑されていったのですから。どのような刑罰が科されたのかというと、単純です。違反、即、死刑です。宮殿の外に出る時は、常に周りに護衛を置いて、自ら民衆の違反行為を見つけて、護衛たちに処刑を任せていました。

戦場から連れられてきた奴隷の中には、クラーラと同じ人間の形をした肉体の者もいて、彼女は初め、衝撃を受けました。それまでは、この宇宙には自分を除いて蜘蛛族しかいないと思っていたのです。そのうち、特に女性の奴隷たちをまじまじと見つめ、もし自分よりも美人と思うような女性を見つけたら、その場で死刑に処すようになりました。本当に可哀想な人たちです。このような恐ろしい蜘蛛の怪物たちに囲まれ、人の姿をした恐怖の女王に目をつけられ……こんな地獄で、彼女たちは死を待つしか選択肢は残されていませんでした。

女性の奴隷に対してはさることながら、クラーラの本当の楽しみは、男性の奴隷の方にありました。奴隷の多くはすでに心が折れ、生きる希望を失っていましたが、中には女王を睨み返したり、服従を断固として拒否したりする骨のある男性もいました。そうした男性には、彼女は情けをかけて、すぐに死刑宣告をしませんでした。それよりも、傍に置いて観察するのです。そうして愛人を密かに囲っていたわけですね。シャーモが外出すると、すぐさま男漁りに向かい、没頭していました。蜘蛛だらけの世界で、自分と同じ貴重な二本足の種族に会えて、しかも自分で選出した異性ときたものだから、そういうことになるのも当然と言えば当然かもしれません。シャーモが帰ると、忍ばせていた密偵からクラーラの秘事について聞かされ、哀れな奴隷たちは酷い拷問の末に殺されました。しかしそれすらも、クラーラは刺激的な展開の物語だとして、楽しんでいるようでした。それに、どうせシャーモは自分に面と向かって反抗できない腰抜けだから、全く怖くないと思っていました。

そうした日々を過ごしているうち、とうとうクラーラは惑星ギャラクシトロンでの生活に飽きてしまい、シャーモに戦場へ連れていってほしいと嘆願するようになりました。ここでシャーモが彼女と一緒に家に留まる選択をしていれば、話は大きく変わっていたでしょうに。彼は、妻であるクラーラを半ば崇拝する対象と見ていたので頼みを断りきれず、本心とは裏腹に強引に押されるような形で要求をなんでも呑んでしまい、彼女の更なる暴走を許してしまったのです。

　ここからは凶戦士の道へと歩むクラーラのお話が始まります。彼女の起こした惨劇の記録はまだ宇宙のどこかには残っているので、もしかしたら聞き覚えのあるという方も、読者様の中にはおられるかもしれませんね。次第に、シャーモが惑星で一人政治の指揮をとる間、クラーラは戦場に赴き、戦艦の指揮を執るようになっていきました。小さな惑星などはその時の気分次第で全滅させたり、小規模な範囲で生活していた世界を次々に蹂躙《じゅうりん》し、征服していきました。次第にそれにも飽きてきた彼女は、もっと文明の進んだ、より強い武力を持つ敵を求めるようになっていきました。そしてとうとう、オリオン座の魔王軍の言いつけに背き、決められた境界の外に宿敵を探しに出かけるようになったのです。ここからは控えめに言っても空前絶後の最悪な事件、全く洒落にならない、深刻な事態にまで発展していきます。

8　ベテルギウス

オリオン座の果て、ベテルギウス星系……

光の元老院〈カウンシル・オブ・ライト〉はそこにありました。今は何やら、秘密の会議を開いているようです……

ベテルギウスはオリオン座の魔王軍の本拠地であるリゲル星系とは、対極の方向に位置しています。オリオン座には、この次元宇宙の主要様式〈キー・パターン〉を、開闢《かいびゃく》の時からずっと保持し続ける役割が与えられています。その様式とは、二元性原理、すなわち光があれば闇があり、闇ができれば光が必ずあるという、普遍的法則のことです。オリオン座がその宇宙の二元性の鍵となる主軸であり、あらゆる二元論の親枠組〈マスター・テンプレート〉なのです。したがって、この星座には二つの要素「善と悪」があり、二派閥間の終わらない潰し合いが続いています。オリオンは、自ら進んで宇宙的二元性の役目を引き受けました。この宇宙で二極化や分裂、あらゆる形での二極間の触れ合いを体験できるのは、オリオン座のおかげでもあります。

ベテルギウスとリゲルのちょうど中間、「オリオン・ベルト」と呼ばれる部分は、光と闇のエネルギーが混じり合い、神聖な錬金術的結合を遂げ、一なるものに変容する「重複域」です。その場所にあるEL・AN・RAの三ツ星は星天扉〈スターゲート〉であり、宇宙的二元性の枠組みと、この次元宇宙の、帳尻あわせをしている総制御点でもあります。

中央のAN〈アルニラム〉からは、無数にある別の次元宇宙へと旅立つことができます。したがって、私たち全員にとって決して無関係とはいえない重要なところなのです。宇宙中心太陽〈グレート・セントラル・サン〉に続く扉でさえ、ここにあります。「入り口は多くとも、出口はただ一つ」と言えば分かりやすいでしょうか。「ANの全能の目」はここに位置しています。

その上には絶対者の使い〈エロヒム〉たちによる最高統治会である「エロヒム最長老院」があり、これまでオリオン・ベルトの領域を護り続けてきました。聖なる重複域の守護天使をまとめ上げているのが、聖大天使メタトロンです。そしてそこは、宇宙勢力の二代派閥が集い、議論を交わす「オリオン評議会」が開かれる場でもあります。その評議会では両派閥からの視点による「何が正義で、何が悪か」についての議論が、終わることなく交わされています。黒い衣に身を包んだ暗闇の支配者オムニは、委員会の左翼に座り、白い衣を着た光明の主たちは、右翼に座します。会議の内容はいつも通り、論理的でありながらも面白みに欠ける乾いた演説や、実質的な口論です。片方は相手側の言っていることに元より耳を貸さないのだし、続けるだけ無駄な議論を繰り返しているだけに思えてきます。

とにかく、この重複域での全ての活動は、エロヒムたちに支えられているということです。そして、オリオン評議会出席者たちのただ一つの目的のために使われ、それ以外の者の侵入はエロヒム最長老院が許しません。あの悪名高いオムニでさえ、目的なしにここには立ち入ろうとしません。それに、あの光の勢力の強力な軍隊の警備を掻い潜ってまでここに入るのは、自殺行為以外の何ものでもないからです。

しかしながら、「オリオンの剣」として知られる光側の通り道の警備は全面完璧ではなく、やや薄くなっている部分もありました。この道は、さまざまな星々からオリオン・ベルトの重複域に向かって続く、銀河滑走路です。魔王軍は、剣部分に侵入することはできなくとも、その先端にある滑走路の入り口に近づこうとする者に危害を加えてきました。そのため、光の勢力の中には、オムニ軍の攻撃を掻い潜って入り口に入ろうとして、結果として撃沈されてしまう例が後を絶ちませんでした。リゲルの魔王軍艦隊の猛攻をいかにすり抜けて、オリオンの剣に入れるかどうかが、光の勢力にとっての腕の見せ所とされていたのです。それを達成するには、予想外の場所から現れ、電光石火の速さで動き回り敵を攪乱し、相手の背後をとる必要があります。

銀河連合の中でも、特にこの突入作戦に成功した星天司令官らには、多くの名声と権威が与えられ、銀河艦隊の中でも高い地位を手に入れることができました。オリオン・ベルトの三つ星に進出を果たした司令官はそれまでに三人しかおらず、彼らは三大司令官〈トリプル・コマンダー〉として英雄の中の英雄として伝説になりました。彼らにはより高い能力でしか達成不可能な、特別困難な任務が与えられるようになりました。

光の元老院は小さな乳白色の惑星上にある、巨大な白色ドーム型神殿を拠点としています。こちらの惑星は常に深い白い霧で覆われており、近くを通過するだけでは、中で何が起きているかを感知することはできません。ベテルギウス星系の各所には、このように上手に隠された元老院の拠点が点在していました。敵に場所を特定されないよう、分かりにくくしていたわけですね。招待された人たちには最初、別の待合場所を指定され、そこから外が見えない構造の光の戦艦に乗せられ、目的の惑星まで運ばれるのです。全く違うところから船に乗り、降りると評議会の建物の入り口にいて、それまでの行程は絶対に分からないという仕組みです。

その時、光の元老院の前に一隻の宇宙船が着陸し、乗組員を降ろす準備をしていました。澄んだ目をした背の高い、格好の良いハンサムな男性が現れ、これまで何度もここを訪れていることが分かるほどに手続きにも慣れた様子を見せています。元老院の一人が彼に敬礼し、部屋の中へと温かく迎え入れました。

その一団が神殿の中に入るなり、会議はしんと静まりかえり、一団を代表する男性に敬意を込めた視線を集中させました。その男の名は、アアラダール。あの三大司令官の一人であり、生きる伝説でした。アルデバラン星系の出身です。アアラダールは静かに腰掛け、その場に満ちた静粛な雰囲気に、自らを調和させました。

元老院の一人ウリエルラが立ち上がり、流水のような印象の美しい口調で話し始めます。

「敬愛するアアラダール殿、本日は光の元老院へようこそお越しくださいました。現在、我々はある深刻な事態について話し合っているところでして、この度は貴方にも参加していただければと思い、こうして招かせていただきました。最近、竜座のF13副区域で頻繁に小競り合いがあるという報告を、連日受けておりまして、貴方も、敵艦隊と思われる怪しい戦艦などに遭遇されたことがあれば、少し話をお聞かせ願いたいのですが」

話しながら、彼女の眼差しは相手への慈愛と母性に満ちていました。表情も、まるで澄み渡った青空のような落ち着きを常に浮かべています。

アアラダールが発言のため立ち上がると、評議会のメンバーから感嘆の声が漏れました。躍動感ある生命力が溢れ出ていながらも、そのエネルギーを内包し、制御できるだけの頭脳を誇ることがありありと示され、まさに完全無欠なさまです。この人ならどんなに難しい任務でも必ずやり遂げてくれそうな、唯一無二の信頼感があります。

「はい、その件でしたら存じております。我らが星天艦隊も、星波〈スターウェーブ〉の波長に幾つかの異常を検知しておりました。それに、先日は破壊された船から生存者を救出したこともありました。そこで感づいたのです。名も知れぬ無頼漢が一連の騒ぎを起こしているということを」

アアラダールはそこで言葉を止め、記憶を掘り起こしている様子です。戦場で多方面にわたる経験をしてきた歴戦の戦士であるにもかかわらず、自らの力を過信して凝り固まった思考をしないよう、素直で開けた心を持つことを心がけて、今日まで戦い抜いてきました。それが彼の強さとカリスマ性の秘訣なのかもしれません。謙虚でありながら高貴で、敵であっても強者の敬意も忘れない、懐の大きな良い性格をしています。確かに外見は屈強なタフガイですが、その目には柔らかで親しみやすい愛嬌もあり、そんなギャップのある魅力に夢中なファンの女性が多くの星々にいるようです。例えばウリエルラも、彼をずっと嬉しそうに見つめています。ずっと昔は両性具有だった彼女ですが、今は明らかに一人の女性として彼を見ています。

アアラダールは言いました。

「色々と考えてみましたが……やはり犯人を特定するには至れないというのが、現時点での結論です。ただし、手がかりならあります。生存者が震えながら、口を揃えて供述していたのです。〝大きな、黒い蜘蛛だった〟と。元老院におかれましては何かご存じでしょうか？」

アンタール・ラーはこれに返事をしました。

「はい、元老院はこの件に、竜座〈ドラコ〉勢力に征服された小さな惑星ギャラクシトロン原住の蜘蛛族であると見ています。原住と申しましても、シャーモ一味は、以前は地下世界に封印されていたようです。それが、隕石が惑星に落ちてきて、封印が解けてしまい、シャーモ一味が地表に抜け出して、地表の大破壊が始まったとのことです。そして、どうやらシャーモはオムニとも繋がっているようです。オムニが絡んでいるとなると、事態は深刻です。貴方ならよくご存じのことでしょうが、オムニは定められた領域の外に足を踏み入れることは許されていません。しかし我々には、直接彼らと抗争をする武力は、持ち合わせてはいません。我々光の元老院に唯一できるのは、この次元宇宙の光を保持することだけ。無法者があれば、誰か第三者に退治してもらわねばなりません。それが今回、貴方がた銀河連合の代表者をお招きした理由です」

アアラダールは膠着したように一点を見据え沈黙し、覚悟を決めた様子で尋ねました。

「我々は、どのように貢献できるでしょうか？」

ウリエルラは少し目を細め、言葉を返しました。

「貴方には、シャーモと接触し、宇宙法に違反したことの責任について、話し合いをしていただきたく願っております」

「奴らが応じない場合は、どういたしましょう？」

ウリエルラが極めて冷静に返事をします。

「少なくとも、暗黒卿と繋がっているかは、突き止めなければなりません。そして、繋がっていようがいまいが、これ以上の蛮行は阻止しなければなりません。方法については、貴方にお任せします。アアラダール殿、貴方には必要なだけの銀河艦隊を我々からも提供いたしますので、どうかこの任務を、貴方の手で成功に導いてくださいませ」

「オムニが直接出向いてきた場合、どうするべきでしょう？」

アアラダールは最悪のシナリオについても、抜け目なく想定します。

「それはないでしょう。暗黒卿との直接戦闘があっては、双方に甚大な被害が出ることは目に見えています。いずれにせよ戦争が起きては引き延ばされることは分かりきっていることですし、その結果、勝利は彼らのものにも、私たちのものにもなりません。しかし、その場合も可能性としては有り得ますので、そうなってしまったら追って我々から解決法をお伝え致します」

ウリエルラがそう主張すると、評議会室が再び沈黙に包まれました。事態の深刻さを示す静粛であることが、その長さから伝わってきます。

「アアラダール殿」

ウリエルラがまたあの星天の視線で彼を射抜きます。ですが、今度のは自信と権威が混じっているのが感じられます。

「貴方には絶大なる信頼を寄せています。この事態を収束させられるのは、貴方を除いて他にいないでしょう」

星天司令官は評議会に敬礼し、宣言しました。

「我々は、最善を尽くします」

この一言には、目的のために手段を問わないという覚悟が表されています。アアラダールは大きな背丈を真っ直ぐにして、悠々と光の評議会を後にしました。

これが、全ての「終わりの始まり」を告げる一幕となりました。

9　デネブ

故郷である牡牛座アルデバラン星系に帰還したアアラダールは、早々に他の銀河連合の司令官らを招き、光の元老院から与えられた任務について話すと、各司令官には作戦へ参加するかどうかの意欲を尋ねました。彼自身の艦隊が銀河連合の中でも最強にして最速でしたが、まずは連合全体と情報を共有し、何か事件があれば連絡し合える体制を整えておきたかったのです。そこで、彼の最強艦隊の中でも選りすぐりの強者を琴座ベガ星系に送り、近くの竜座からの侵入者に備える作戦を立てました。

銀河各所を三次元空間の距離関係なく直接繋ぐチャネル群は、現在の地球では「ワームホール」として知られています。ベガへは可及的速やかに連隊が送られました。原住民たちからは手厚くもてなされ、「ベガ宇宙戦艦のものはなんだって使ってもいい」とまで言ってくれました。「敵」はすぐに現れました。身元不明の戦艦が、白鳥座デネブの方へ移動しているのが目撃されたのです。

こちらの動きを感知した相手も、焦っているのだと感じたアアラダールとその隊員たちは、すぐに自らの戦艦を敵艦隊の向かう方向へと飛ばしました。デネブへの違法侵入は絶対に許さないと息巻いています。

アアラダールがデネブに着くと、そこにはすでに味方の銀河連合の高官が到着しており、内情を窺っていました。そこで、到着したアアラダールたちは駐留者たちに秘密の計画を打ち明けたのです。

「敵に知られぬよう、密かにここに防衛線を張ろうと思う。奴らがきたら不意打ちを受けたようにして歓迎してやるのを装う裏で、上の奴らとの交渉の場に漕ぎ着けるよう手配する。交渉がうまくいけば、オムニとの直接対決を避けられるかもしれない」

高官の方もこの案に賛同し、ベガ戦艦は近くの惑星に隠し、いつでも動かせるように待機モードにしてもらいました。

数日が経つ頃、ギャラクシトロン軍のものと思われる戦艦が出現しました。まもなく空一面を覆う黒い艦隊が続いて現れます。全てデネブに向かっており、まるで星に破壊をもたらす、亡びの黒い雨の如く降り注ぎます。その後、紫色の洋蘭の紋章がある漆黒の戦艦が着陸しました。

アアラダールはすでに着陸地点で待ち構えていました。船のハッチが開いて、中から数人の全身を黒い体毛に覆われた蜘蛛種族が、わらわらと出てきます。なんと醜い、そして恐ろしい光景でしょう。タラップを下りる音が、尖った足部の爪と、足先に備え付けられたレーザー銃で耳を劈《つんざ》くように立てられます。それにしても、恐ろしくはありますが、人によってはなんだか滑稽な光景に思えるかもしれません。降りてきた蜘蛛たちは、二手に分かれて列を作りました。後方から来る船を、まるで次に命令されるのを待っているかのように、じっと見守っています。緊張感が漂う中、到着した黒い船から、一人の人型の女性が降りてきました。危うい魔力を持った美しい女性は、野性的なカリスマ性を全身から放っており、魅力的にも思える一方で、他人をぞんざいに扱う残忍で容赦のなさそうな一面も見えていました。自分以外は無価値とでも思っているかのような傲慢さが、その所作から滲み出ているのです。

アアラダールにとって、まさか敵の大将が人型の女性で、しかもここまで美人だとは、予想だにしなかったことでした。過去の戦では当然の如く、敵軍の女性と対峙したことがありました。女兵士は宇宙では珍しくありません。ですが、眼前の女性よりも常人離れした強さと美しさ、さらに頭脳戦にも長けていそうな戦士には、出会ったことがありませんでした。

その力を推し量っていると、彼女の方からこっちに近づいてきました。敬礼をしてきた彼を見る眼差しには、若干の驚きが混ざっています。まず、植民惑星の住人から挨拶されるなんて、初めてのことでした。普通なら怖がって、瞬く間にネズミのようにザーッと逃げ果《おお》せるものなのに。あのようにどっしりと落ち着いた様子で、こちらの目を見つめてくる男性がいる。一体、何者なのでしょうと、興味津々です。しかも、こんなにハンサムで有能そうで、自信に満ちた魅力的な男性には、生まれて初めて会いました。思い出せる人生の中で一番、胸が高鳴った瞬間でした。

アアラダールの手は銀河連合流の、「平和と一元性」を表すサインを示しています。

「ベクター5、デネブへようこそお越しくださいました。私は銀河連合司令官の一人、アアラダールと申します。我々はあなた方を歓迎いたします」

クラーラは彼が示した権威と貫禄の大きさに驚きを隠せず、つい警戒心が解けてしまい、見様見真似でその挨拶の仕方を真似ながら言いました。

「我が名はクラーラ。ギャラクシトロンの女王にして、いずれはこの宇宙の支配者になる者である」

「これはこれは、お目にかかれて光栄に存じます、女王陛下」

アアラダールはどことなく楽しげな余裕の表情を崩さず返します。

「恐れながら、女王陛下、この私めを、貴女様の個人的相談役にしていただけませんでしょうか？」

余程、彼から溢れ出る魅力に囚われてしまっていたのでしょう、気付けばクラーラは彼の申し出を快諾していました。

クラーラがこんなに早くアアラダールを信頼するのには、何か他に知られざる理由があったように思えます。確かに彼は分別のある、頼り甲斐がある存在ではあるのですが。彼が自分たちを脅かす敵であることや、いずれ始末しなければならない相手であることは、すぐに分かっていたはずです。

その後は、呆れ顔になった周囲の蜘蛛たちをほったらかしにして、横柄な態度で敵の用意した特別スイートルームへ誘われて入っていきました。常に蜘蛛に囲まれて生活してきた彼女は、内心ではホッと一息つける瞬間だったのです。『ここならきっと蜘蛛たちの監視も届かないわ』と、安心しきっていたのでした。

蜘蛛たちの間を通り過ぎて去っていく二人は、「理想のカップル」のように思えました。誰もが目を奪われざるを得ない、美男美女の組み合わせです。アアラダールにとっても、最高のパートナーと巡り会えた瞬間だったと言えるのかもしれません。ですがこの女性、「取り扱いにはくれぐれも御用心」な、とんでもなくデンジャラスな人物だったことが、間もなく分かるのでした。

10　二人きり

　クラーラは埃一つ落ちていないその綺麗で豪華な部屋を見回します。光源がどこにあるのか分かりませんが、部屋は紺碧色の光で満遍なく照らされており、部屋の中央には光に照らされて水面を輝かせるプールがあり、とにかくどこを見てもオシャレで趣のある、美しく贅沢な部屋です。プールが適温であることを指先で確かめながら、部屋のどこにも、あの忌々しい腐った洋蘭の香りがないことに安心していました。夫の好きな香りと言っても、正直、臭くってたまらないから！　それにクラーラは、新しいもの好きで、いつも同じものだと何でもすぐに飽きてしまうのです。

　アアラダールは部屋を繁々と見回している彼女を、慎重に観察しています。両者とも、表情こそ笑顔ですが、もちろんこれは胸の内を相手に測られないためのポーカーフェイスです。実はこの部屋、その宇宙ステーションの中では並クラスの客室でした。つまり、クラーラは感心していましたが、格段良い部屋でもないのです。これより豪華な部屋はたくさんあります。アアラダールはクラーラの反応を見ながら、彼女の住んでいる惑星の文明レベルを測っていたのでした。これで彼女の惑星が特に豊かなわけでも、事情通というわけでもないということが割れてしまいました。アアラダールは彼女をラベンダー色の手触りの良いフカフカのソファに腰掛けるよう促すと、次に泡立つアメジスト色の液体の入ったワイングラスを手渡しました。

「クラーラさん、お食事はまだでしたか？　軽食ならば、各星系から取り寄せた果物や、ベガ星系で一世を風靡した有名なお菓子のベガ・ウエハースはいかがでしょう。もしくは、スカイポートの調理室でお好きなメニューをご用意できますが」

実はクラーラは、ちょうどお腹が空いているところでした。しかし、フルーツやウエハースなどは聞いたことがなく、味を想像できませんでした。これまでに征服した星々の食べ物を適当に口にしたことはありましたが、口に合うものには巡り会えませんでした。ですからいつものように「虫料理はあるかしら？」と尋ねました。

「えっ、虫？」

アアラダールはつい驚いて表情を崩してしまい、『こんな美しい女性が、虫を食べるなんて』と言っているような顔をしています。

「どうでしょうね、調理室に聞いてみます」

キッチンに確認してみたところ、やはり材料がないとのことでした。

「申し訳ない、今日は昆虫類を切らしているようです」

一言謝りながら『そうか……蜘蛛族だから、普段は虫を食べるのだな。うっかりしていた』と心の中で反省しています。


「ハエとかもないの？」

クラーラが少しいじけたように聞き直します。


もう一度キッチンに尋ねますが、やはりハエ料理はないという返事です。

「やはりハエも用意できません。その代わり、フルーツはいかがでしょうか？　どれもとても美味しいですよ」

トレーに乗っていたエンジェル・フルーツの一つを手に取り、彼女に差し出しました。


しかし見慣れないフルーツを前にして、クラーラは身体に妙な悪寒を感じ、後退《あとずさ》りします。

「それは結構よ。じゃあ、ベガ名産のウエハースとやらをいただこうかしら」

恐る恐る一口だけ齧《かじ》ってみます。するとどうでしょう、「こんなに美味しいものは生まれて初めて！」と思っているのが表情から丸分かりです。美味しいと分かったら、パクパクと次のウエハースに手を伸ばし、あっという間にたいらげてしまいました。ワインもグビグビと、二杯飲み干しました。食事前にはあんなに強張っていた顔も、随分とほぐれて表情も和らいできました。

『笑顔の方が、ずっと良いじゃないか』とうっかり思いながらも、アアラダールはすぐに『いかん、今は大事なミッションの最中なんだ』と気を引き締め直します。『見た目に惑わされるなアアラダール。目の前にいるこの女は、これでも残忍な犯罪者どもの頭領なんだ。いつ襲いかかってくるか、知れたものではない！』

彼の心配とは裏腹に、クラーラの顔は今や、「残忍」という言葉とは無縁のようにリラックスして、穏やかに見えていました。美味しい食事の後は、目の前のカッコいい男性に興味津々になり、質問攻めにしています。

「銀河連合って何？」「どんな戦艦を持っているの？」「あなたも惑星を征服したりするの？」

彼は他の惑星を攻めることはしないと聞いたとき、彼女はちょっと残念に思いました。この人と一緒に戦場へ行って、敵を蹴散らして、そうしたらどんなに素敵なことかと、想像を膨らませていたのです。

「あなたは何処から来たの?」「トリプル司令官って?」「奥さんはいるの?」

いいえ、彼は独身でした。目の前にいるこの女性には、伴侶がいます。蜘蛛族の王シャーモ。

『……どうしてこの女性は、蜘蛛なんかと結ばれることになったのだろう』

気になったアアラダールも、いくつか質問を返します。ギャラクシトロンという惑星のこと。どうやら、彼女は気がつけばそこに住み着いていたようで、それ以前の自分自身の出自については、何も分からないようです。それ以前のことは何も記憶がなくなっていて、それゆえ思い出そうという発想すらなかったのです。これは何か事情がありそうだと思い、彼は説明しました。

「きみは蜘蛛族ではない。ということは、どこか他所から来たはずだ。もしかしたら、道に迷っていたところを捕らえられて、記憶を抹消されたのではないか?」

これまで、そんなことは考えたこともなかったクラーラは、少し考え込んでしまいましたが、とりあえず考えても分からないものは分からないということで、帰ったらすぐにシャーモに訊けばいいと思ったのでした。

あと二回、運ばれてきたウエハースのお皿を平らげ、ワインをたらふく飲んでから、二人は昔からの友人のように打ち解けて、楽しい、リラックスした雰囲気になりました。二人の間には明らかに、そうした調和のエネルギーが流れていて、恋の火花がお互いから出ていたのです。

アアラダールはもう辛抱たまらないといった感じで、席を立ち、彼女をその腕に抱き、キスをしました。ところがクラーラは全くそれを拒みません。むしろ、彼女の方こそ湧き上がる情念を抑え切ることができないといった様子です。こんな感情の激流も、生まれて初めて経験しました。アアラダールの方も、ここまで自分と対等に感じる女性と巡り会ったことはありませんでした。まさに運命の女性でした。ずっとこの女性を探していたのだと、その瞬間、分かりました。

二人の大いなる愛と情熱が交わされ、いつまでも思い出に残りそうな、甘い夜となりました。その甘さも、両方にとっての初体験でした。

翌朝、アアラダールはクラーラを腕に抱いたままの姿勢で目を覚まします。彼女はまるで彼が命綱であるように、しっかりと抱きついています。そんな彼女を愛おしく思い、優しく包んであげます。まだ眠たげな目をこすりながら、二人は上半身だけ起き上がり、お互いを見つめます。そしてまた、お互いを抱き寄せて、情熱的な口づけを交わします。それはまるで、「最初で最後のキス」を味わうかのような、真心を込めた、これっきりのキスのようでした。体だけでなく、心の奥底でもしっかりと二人が繋がっていることをお互いに確認したがっているような、そんなキスでした。

二人はベッドを出ると、プールで楽しく沐浴しました。噴水機能もあり、複雑に踊り回る水を見ながら、クラーラははしゃいで喜んでいます。着替えると、ベガ・ウエハースがお皿いっぱいに盛られて、部屋に運ばれてきました。調理室によれば、昨晩は苦労してハエや昆虫類の食材を用意したとのことでしたが、やっぱりウエハースだけで良いとクラーラが言うので、アアラダールが調理室に謝りながらも、結局はそう取り成したのでした。

食事中も、クラーラはたくさんの質問を投げかけてきましたが、アアラダールは嫌な顔一つせず笑顔で答えてくれます。ところが、彼もオリオンの暗黒卿の傘下の者なのかと尋ねられると、アアラダールの表情が急に曇りました。心の中に濃い霧がかかったようにモヤモヤして、残念だと思う気持ちになりました。

「……いいや、私は違うよ。きみの方こそ、本当にあのオムニの仲間なのかい？」

ただの勘違いや、誤った推測だったら、どんなに良いことだろうと思いながら、彼は尋ねます。

「そうよ、決まってるじゃない。仕方ないわよ。だってアイツら、オニ強なんだもの」

「……いいかい、クラーラ。この次元宇宙には色々な、本当に沢山の勢力がひしめいている。オムニはそのうちの一つに過ぎない」

「え、オムニよりも強くて邪悪な奴らがいるの？」

「いや、オムニは確かに、闇の勢力の中でも最強だ。だが、それと敵対する光の勢力もいて、私はそちら側の人間なんだ」

「そうなの。まあ、オムニが闇の勢力で一番なら、その仲間でいるに越したことはないわ」クラーラは安心したように言いました。

「違うぞ、クラーラ。そんな訳がない。なぜ、きみのような女性が、闇のエネルギーと同調しようというのだ。きみのような、美しくて、将来有望な才能ある人材が。本当にもったいない。君の才能を、光のために生かしたくはないか？」

アアラダールが語調を強めて、説得に入りました。

「はっ！　光のためですって？　冗談はやめてよ！」

嘲笑するクラーラの顔つきからは、またあの意地悪な性格が戻ってきたことが窺えます。

「なに！　光への貢献を愚弄するか」

自分の生き方を否定された気分になり、腹を立てたアアラダールが言い返します。

「よくって？　アアラダール。私は何者にも属さないの。私は、征服と支配をするために存在しているのよ。力をつけて、いずれ暗黒卿なんかよりも強くなってみせる！　そして、いつかは宇宙の全てを、私のものにしてやるのよ」

「何を言っているのだ、クラーラ。勝てっこない。あのオムニだぞ。銀河連合を総動員しても、勝てるかどうか。この次元宇宙で、闇の力そのものを体現することを選択した極端な連中なんだ。それが、奴らが闇の勢力でも唯一無敵でいられる理由だ。勝ち目のない戦いはすべきでない。きみが暗黒エネルギーを扱う限りは、奴らの支配からは逃れられないんだぞ。奴らは闇を統括しているのだから！」

クラーラを待ち受ける悲劇の運命をどうしても本人には避けてほしいと、アアラダールは必死に彼女を説得します。

「ふん、私は絶対に、誰にも支配されないわ、絶対に！　いまは、支配下に置いていると思わせているだけよ。私は本当は誰にも屈してなんかいないわ」

クラーラの言葉にも熱情が入ります。

「よくお聞き、クラーラ。オムニは本当に、一番危険な奴らなんだ。きみや蜘蛛族よりも断然強く、残酷な連中だ。奴らがどんなに危険か、きみはまだ知らないんだ。どうか分かっておくれ。私はこういう立場だし、経験もあってよく知っているから、きみにこうして説明できるんだ」

「あなたこそ、人に命令するのやめてくださらない？　自分のやることくらい、自分で決めます。私は侵略をやめません。あなたが気に入らなくてもね！」
クラーラは怒って拗ねてしまい、彼を突き飛ばしました。

アアラダールは二人の会話がよくない方向に突き進んでいるのを感じ、どうすればいいのか、途方に暮れてしまいました。先程まで、あんなに打ち解けていた仲なのに、この有様です。一体、どうしてこうなってしまったのでしょう。理想の運命の女性と思っていたのが、あっという間に最悪な女に思えてしまいます。しかし、他の惑星を征服するのを止めさせるよう説得するという、当初の目的も彼は達成できていません。相手がこちらの説得を聞き入れないのなら、どんな手を使ってでも止めさせないといけない。それが銀河連合の三大司令官である彼の任務です。

ひとまず落ち着くために座って、考えを巡らせます。そうしたら、深い静寂と共に、閃きが降りてきました。『おお、きっと今、天使たちが頭の上を通ったに違いない』その瞬間、自分が今、密室でクラーラと二人きりだということを、忘れてしまうほどでした。というのは、彼の後ろには光の元老院がいて、二人の会話も全て聞いているということを、思い出したのです。二人の会話は筒抜けということは、侵略者との和平交渉も上手くいっていないという状況も、把握しているはずです。ふと、ウリエルラの顔が思い浮かびます。こちらを見つめる時の、光り輝く瞳。優しい微笑み。そう、困難な任務であっても、彼女は自分のことを信じて任せてくれている。そう思い出したアアラダールは、『大丈夫だ、天使は私に味方してくれている。私がやらねば！』と心に決め、クラーラの方を振り返りました。

「クラーラ……」「アアラダール……」

振り返ると同時に、二人は同時にお互いに話しかけたのでした。そのタイミングも、まるで不思議な化学反応のようでした。お互いの瞳には、内側の傷ついた心が映し出されています。すると、全ての打算を忘れて、相手のことが愛おしくて堪らなくなります。二人とも分かっていたのです。これから二人がどうなってしまうのか。薄々勘づいていたことですが、覚悟しなければならない時がやってきました。

「クラーラ、きみは今すぐこの惑星から離れるんだ。きみたち蜘蛛族がギャラクシトロンに安全に戻れるように、私が取り計らおう。言っておくが、ここにいる我々の艦隊はきみたちを一瞬でこの世から消滅させられるくらいに、強力だ」

アアラダールは内心、自身がやっていることが信じられませんでした。しかし、こうする他なかったのです。それが力と栄誉を持った責任ある立場の者の、宿命でもあります。

「次にきみたちの戦艦と遭遇することがあれば、我々は即座に砲撃することを、あらかじめ警告しておく。私は銀河間連合軍の特命により、きみたちが宇宙法を侵害していることをきみに伝えるために、ここへ派遣されていたのだ」

彼女はその言葉に動じる様子もなく、ただ静かに彼を見つめていました。内側では感情の奔流があり、何か言い出そうとしても言葉が出てきません。

アアラダールは彼女を抱き寄せ、そっとキスをしました。本当の、最後のキス。力強くも、相手を思いやる真摯さで溢れています。その瞬間、彼女はたまらなくなり、彼とこのまま逃げ出してしまおうかと思い悩みましたが、やがてその身を彼から引き離しました。初めて、彼女は涙を流している姿を、彼に見られます。

「クラーラ……光の勢力に来たかったら、いつでも私に言うんだ。たとえオムニが相手でも、絶対にきみを守るから……」

彼の心も大きく揺れ動いています。

「さあこっちだ。きみたちの船に今すぐ向かうぞ」

以上、クラーラとアアラダールの初対面の場面でした。こうして二人は、お互いの運命、悲劇の愛を悟ったのでした。

天の高み
天使たちが住むところでは
妹の経験している苦境を見て
悲しみの涙を流す天使がいました

星天の光の下で……

11　帰還

女王船に戻るとすぐに、大急ぎで撤退命令を出します。蜘蛛たちは戸惑いながら大慌てで帰還の準備を始めました。彼女は全身をブルブルと震わせています。まるで、体の芯から冷えているような。

『早く早く、ここから出ていかないと！』

つんざく音とともに船がほぼ垂直に飛び上がります。アタフタしていて、大幅に遅れが生じたものの、ギャラクシトロン戦艦は無事に順路に乗って、もといた惑星を離れてゆきました。離陸と同時にほぼ全速力を出して、まるで敗戦したのに敵からまだ執拗に追いかけられて必死で逃げ回る残党のようですが、クラーラだけは追撃されることはないと分かっていました。追手はいましたが、彼女の戦艦がギャラクシトロン方面に向かっているのを確認すると、次第に距離を広くしていき、やがて視界から消えてしまいました。どうやら、ただの見送り係だったようです。デネブの重力圏から離れると、彼女は船のスピードを通常運航時と同程度にまで落とすよう命じました。全速力のままではエンジンに負担がかかりすぎてしまうからです。その後、誰にも部屋に入らないよう念押しして、私室に閉じこもってしまいました。

部屋の中でしばらくの間、鏡を見つめていました。小さな金色の鏡で、征服した惑星の戦利品の一つで、お気に入りの品です。

『私、変わった？』以前とは違う自分自身に気づきました。『力が弱まっている？　アアラダールの仕業かしら』その考えもすぐに否定されました。『いいえ、そんなことは有り得ない。あの誇り高い男性《ひと》が、そんなくだらない真似をするはずがない』あんなに気高く、尊敬できる異性には出会ったことがありませんでした。自分があんなに高潔な人物と対等の立場に値するのかと訊かれたら、恐らく答えられないでしょう。『せいぜいが、ギャラクシトロンの女王だものね。あっちは銀河連合の三大司令官。とても追い付けないわ……』苦々しい想いに唇を噛み締めます。

アアラダールに恋をしている自分には、気づいていました。鏡に映る自分の目を見れば、すぐに分かること。でも次に彼に会う時は、敵同士の身。彼が自分を制止するか、自分が先に彼を止めるか。もちろん、今からなら未来を変えられる。確定した悲劇を、やり直せる。『戦わなくても済むなら……』そうした考えが浮かぶとすぐに、どこからともなく、いつものように心の中に激痛が走ります。心が引っ掻き回され、脳が押しつぶされるような酷い頭痛に苛まれるのです。この痛みを感じると、とことんまで残酷で無慈悲になれる。そうするしか、この痛みを和らげる術がないのです。この苦痛を放っておいては、死んでしまうかもしれない。だから他人の苦痛で、自分の苦痛を誤魔化すしかなかったのです。『もう引き返せない』そんなことをすれば、内側に潜む獰猛な獣に、自身が食い殺されてしまうから。

考え事ばかりしていたら、お腹が空いてきました。

『ベガ・ウエハース……美味しかったな……また食べられるかしら』

ちょっとその辺の小さな星を侵略してウエハースを奪ってきてやろうかと、本気で考えそうになるほどに、美味しかった思い出があるのでした。ですが、強奪なんてマネは無理でしょう。アアラダールが目を光らせて、自分の動向を見張っているでしょうから。となると、ここでの食事はまた虫料理しかありません。ギャラクシトロンでは主たる食材は全て、虫です。

急に、本拠地に戻るのが嫌になってきました。でも、自分の正体についてシャーモに問い質さないといけない、絶対に。

『アアラダール。あの男性は私をここまで変えてしまったのね。私が望む、望まないにかかわらず……』怒りを込めながら、そう思いました。

考え悩むことに疲れた彼女は、ベッドの上に横たわり、体を丸めてじっとしていると、寝息を立て始めました。三大司令官、星天扉〈スターゲート〉、ベガ産ウエハース、優しいキス、色々と夢に見ながら、彼女は長い一日の終わりに、やっと眠りについたのでした。

12 惑星ギャラクシトロン

　次に目が覚めると、もうすぐ本拠地に辿り着くというところでした。クラーラは体を起こして、身なりを整えます。長い髪を後ろできつめに縛り、重い紫色の甲冑を着込み、怖そうな蜘蛛族の女王様に変身します。司令室に戻り、窓からギャラクシトロンの表面に目をやると、所々で黒い煙が上がっているのが見えました。『シャーモのやつ、何やっているのかしら』自分の夫のことを思い出します。

　地表に足を下ろすと、シャカールが敬礼をしながら女王の帰還を待ち侘びている様子でした。シャカールはシャーモの腹心の部下で、蜘蛛族の中で唯一、シャーモが心の内を話せる相手でした。先の戦争で重傷を負い、今では五本足になってしまいましたが、なんとか寝たきりにはならずに済んで、王のもとに戻ってきた老兵です。しかし、体の傷は重く、戻ってきてからはずっとシャーモの身辺の世話に徹しています。彼は小声でクラーラに、急いで後をついて来るようせがみました。要求通り、クラーラは王室専用船に乗って黄緑色と紫色を色調とした、鬱屈させる配色のお城へと向かいました。『あーあ……やっぱり我が家はサイコーねぇ』皮肉を込めて心の中でそう呟きながら、デネブで過ごした快適なスイートルームと自分のお城を対比します。

宮殿内は、やけに静かでした。鼻が曲がりそうな腐敗した洋蘭のにおいが充満し、クラーラは一瞬気が遠くなりました。胃がむかついてきて、危うく戻しそうになりましたが、なんとか堪えながら、シャカールに支えられシャーモの待つ寝室まで歩きます。部屋の前の護衛が十人に増えていました。いつもなら一人しか置いていないはずなのに。クラーラを通すと、音を立てないようにそっと扉を閉めます。

扉を閉めると、彼女は暗闇に包まれました。これでは何も見えません。静けさに耳をすますと、誰かのゼエゼエという苦しそうな息遣いだけが聞こえてきます。クラーラは窓のカーテンの端をそっと持ち上げ、外の光を入れると、少しだけ部屋の中が見えました。蜘蛛族のように夜目が利かないことは蜘蛛ではない彼女の弱点ではありましたが、蜘蛛たちにそのことを悟らせないように隠してきたのでした。

そこには、シャーモがベッドの上で横たわっている姿がありました。彼女が駆け寄ると、暗い瞳を辛そうに開けて、こちらをじっと見つめてきます。一瞬、アアラダールとの情事がバレて酷く怒っているのではと考え、冷や汗が出ました。ですが、どうやらそれは思い過ごしだったようで、ただ酷い痛みを感じて、辛いだけだったようです。これだけでも、何か大変なことが彼に起きたのだと分かります。額部分には、黒い金属製の箱のような異物が埋め込まれているのが見えます。箱からは金属製のコイルが突き出ていて、それが彼の頭部、こめかみ部分と、それから後頭部にも突き刺さっています。よく見ると背中や胸からも、トランジスタで繋がった電線が出ています。突然、それら電線がシャーモの体の中へと消えていき、それを見たクラーラを恐怖に慄かせます。

「シャ、シャーモ!?　一体、何があったの？」

目に涙を浮かべて呼びかけます。

「インプラントだ……」

しわがれ声で返事をします。

「誰が、誰がこんなことを……？」

恐怖のうちにまさかとは思っていましたが。

「オムニだ……や、奴ら……わ、我が惑星のあちこちに……爆撃……を……」

「何よそれ！　あいつら、なんであなたにこんなこと！」

クラーラが怒りに燃え上がります。忠義を尽くしてきた夫に対し、この仕打ちは絶対に許せない！

「き、規定圏外の惑星を……侵略した……ば、罰だと……」

弱々しい声からは、きっと喋るだけでものすごい苦痛ということが伝わってきます。呼吸もままならないのでしょう。

「余ではなく……お前が規則に……反したと……言っていた……だが、余がそれを……庇《かば》おうとし、したら……」

クラーラは死に瀕した蜘蛛の王を可哀想に思い、深い同情の念を感じて、涙を流しました。

彼の毛深い脚をそっと撫でながら、過去の彼女からは想像もつかないようなことを口にします。

「ああ、シャーモ……本当にごめんね……私のせいでこんな酷い目に……ごめんなさい、ごめんなさい……」

残虐な狂戦士の面影はどこへ？　何がここまで彼女の心を、解きほぐしたというのでしょう？

「シャーモ、誰かあなたを治せる人はいないの？」

「ギャラクシ……トロンには……いない……ここではただ、誰も治すことを……知らない……戦うこと……しか……知らない……」

「じゃあ、征服した惑星にはいないの？」

「いた……が……そうした者は……真っ先に殺してしまった……戦傷者を……治されたら……や、厄介……だ……」

もはや話す気力も尽き、次の瞬間にもこと切れそうな様子です。クラーラも気が動転したままです。

混乱するのも無理もありません。短期間にこれだけ多くのことが一度に押し寄せてきたのですから。とりあえず彼は安静にしておかなければと考え、できるだけの処置をしてから、彼を休ませ、自分はすぐに私室に向かいました。

自分の部屋なのに、ひどく薄暗く、陰気に感じました。一旦心を落ち着かせ、山積みになった強奪品の中から、灯りになるものを探し、ずっと考え事をしていました。その日の朝にもこうしてたくさん悩んでいたのに、またも特大の悩み事の種が。

まず、今度他の惑星を征服したら、絶対に癒し手〈ヒーラー〉だけは生け捕りにしておこうと思いました。『そうすれば、ギャラクシトロンにいながら治療が可能になる。みんな治ればいいんだわ。そうすれば、戦争で傷ついても惨めな思いをしながら生きていかないで済むじゃない。そうだわ、私の船にも、今後は治療者を置いて……』

ですが、すぐに疑念も持ち始めました。その治療者が仕事をサボり始めたらどうするのか？『そうなれば、他のもっと賢い治療者を見つければいいだけのこと。もっと忠誠心の高い、有能な。そう、アアラダールのような……』アアラダールは今では敵になってしまいましたが、ここまで信頼できる人は他に会ったことがありませんでした。でも、やはり出会ったばかりの相手を信用し過ぎてはいけないとも思い、自分自身を戒めました。アアラダールだって、自分を止めるために全力を尽くしてくるでしょう。その結果、彼女を殺さなくてはならないとしたら、忠義を尽くして、汚い手は使わず、正面から正々堂々とかかってくるのでしょう。彼女自身だって、同じ立場にいたら、きっとそうしていたでしょうから。でも彼女は蜘蛛族の女王です。汚い手だって使うでしょう。

『ああ、またアアラダールのこと考えちゃった……今はやらなければいけないことが、沢山あるのに。オムニにはどうやって仕返ししてやろうか。あのシャーモも歯が立たないというのだから、太刀打ちするには、相当に強力な軍隊が必要ということ。銀河中から、ならず者やゴロツキを兵力として集め、一大反逆者勢力を作り上げ、それをオムニにぶつければ、あるいは勝てるかしら……可能性が少しでもあれば、それに賭けてみるしかないわ。そのためには、これまで征服した惑星を解放し、反乱に加わろうとする意気のある同志を集めなきゃ』どうやら、一時的にでも考えはまとまったようです。

『ああ、アアラダールが味方についてくれたら、どんなに心強いことか……二人で力を合わせれば、もしかしてあの化け物相手でも戦えて、それで勝てたら、善人に変えることもできるかも……？　いいえ、それよりもまず、彼に認められるぐらいの力を私がつければ、銀河連合を支援によこしてくれるかもしれない……　駄目だわ。きっと彼はそんな頼みに応じてくれないだろうし、なんとしても私を止めようと、かえって邪魔してくるかもしれない』

『……でも、絶対に、私がオムニに復讐してやる。どんな手を使ってでも、あいつらを打ち滅ぼしてやる！』クラーラは涙を浮かべて、心に決めました。敵大将はアアラダールに暗黒卿と強敵ばかりですが、不思議と怖くはありません。そうと決まれば、すぐに仲間集めに出発し、最終戦争に備えることにしました。

銀河中を巻き込んだ大災厄、「銀河戦争」の舞台が整いつつありました。

13　反逆者の惑星マルドン

「この方法しかない」と思ったクラーラは、目標を達成するため奔走しました。シャカールに秘密の計画を打ち明けると、王の命を救うためならばと、喜んで協力する姿勢を見せてくれました。オムニは逆らうなんて想像もつかない、恐ろしい相手ですが、ここはクラーラに力を貸す方が、もっと希望があると踏んだのでしょう。あの暗闇の支配者を主君にしている限り、シャーモはこの先もずっと囚人で、絶対に自由の身にはなれず、常に恐怖と報復に怯えながら過ごすことになるでしょうから。

クラーラとシャカールの二人は極秘に、色々な場所へと旅立ちました。他の惑星で捕らえられていた反逆者たちと密会し、協力する心意気がある者を解放して回りました。全員、二つ返事でこの申し出を快諾しました。何しろ、牢屋を出る残りの生涯で一度きりのチャンスに巡り合わせたわけですから。免罪された囚人たちにはすぐに戦艦と必要な物資が与えられ、遠くの星々へと派遣されていきました。目的地は、ギャラクシトロンの植民地でした。そこでもっと多くの兵力を集めるのが、彼らに与えられた任務でした。

計画は仲間内でも慎重に、絶対に外に漏れないように秘密主義を徹底して実行されていきました。というのも、クラーラはまだ大方の蜘蛛族のことを信用していなかったのです。逃げ道がなくなれば、たとえオムニ相手でも死力を尽くして戦う戦士でしょうが、機が熟すまでは計画を明かすことで生じるリスクは、避けたいと考えたのです。よって、秘密を守らなさそうな者には仲間であっても、気づかれないように隠密行動をとっていました。よって、小さな惑星に蜘蛛戦士たちを派遣し、征服させていく方針は、表向きには継続していました。

シャーモにさえ、この計画については何も伝えられていませんでした。知っていたのはクラーラとシャカールだけです。シャーモは計画が実行されている間、ずっとベッドの上で苦痛にのたうちまわっていました。

クラーラはそんなシャーモを心配して、一日の間に何度かお見舞いに来ていました。彼の寝ている横に座り、脚を撫でてあげる間も、体に埋め込まれている異形の「オリオン・インプラント」の存在に、ゾッとする思いでした。見る度に、オムニに刃向かおうという気がなくなってしまいそうになります。クラーラが苦しそうな彼の耳元で、囁きます。

「大丈夫よ。もうすぐ治してあげるから。最高のヒーラーを大勢、ギャラクシトロンに連れて帰るよう、使者たちに伝えているからね」

この時期はもう、アアラダールのことを考えている暇はありませんでした。いいえ、彼についての記憶が、彼女の意識そのものに溶け込み、一体化しつつあったのです。不思議なことですが、まるで彼が自分の中に生きているような、そんな不思議な感覚です。自分のことを愛おしそうに見つめる、整ったあの顔立ちの人が、すぐそこにあって。夜空に輝く星のような瞳で、『きみも光に尽くそう』と迫ってくるのです。

それに対する彼女の答えは……その時の気分によりました。その日の活動内容によっては、気分が害されることもありました。そんな時は、彼のことが鬱陶しく思え、つい怒鳴ってしまうこともありました。

「もう、どっか行ってよ！　あなたたち、銀河連合の代わりにオムニをやっつけてやろうと言うのに！」

一方で、落ち着いた気分の時には、彼の愛の光で、日光浴をするようにリラックスして過ごすことができました。彼がそこにいてくれるおかげで、勇気がもらえました。そんな時は決まって、実際に会いたくなってたまらなくなり、どうすればまた会えるかとか、そういうことばかり考えてしまいました。

とにかく、考えることが多過ぎました。ですが全てを考えている余裕はありません。今は目の前のこと、戦力を拡大することに専念するしか、時間の使い道がありませんでした。強い兵力を一気に手に入れるには、どうするのが最善か？

彼女はある日、前々から噂には聞いていた辺境の星を、秘密裏に訪ねることにしました。マルドンという惑星で、そこはあらゆる犯罪者が闊歩する無法地帯として知られていました。彼らのような荒くれでも、味方につければ心強いと考えたのでしょう。

マルドンは割と有名な場所で、誰でも一つくらいはその破天荒な逸話を耳にしたことがあるであろう、「マルドン反乱軍」がいることで知られていました。宴の席の余興として、蜘蛛族の兵士たちが彼らの、耳を疑うほどの暴虐さについて語っていたので、印象に残っていましたが、実際にその場を訪ねるのは、今回が初めてでした。

その惑星はベクター5の区画内でも辺鄙な場所にあり、近くにもこれといって目立つ目印もありません。ですからオムニでさえ完全支配には及んでいませんでした。善は急げということで、クラーラは早速手つかずのこの辺境の地に足を踏み入れようとしました。

なにしろ、何があるか予想もつかない無法地帯として有名な場所です。選りすぐりの兵士を護衛につけ、最新鋭の武器を持たせ、彼女自身も武装し、不測の事態に備えました。その一方で、彼女は一番のおめかしをしていました。相手に武力を見せつけるよりも、誘惑して仲間に加える方が得策と考えたのでしょう。それに、最終目的の達成のためには、今回の任務の失敗は決して許されません。

蜘蛛族と捕虜からなる精鋭を護衛に、クラーラは惑星マルドンに降り立ちました。マルドン反乱軍の領土に辿り着くまでの道のりは、比較的容易ではありました。旅は順調に進んでいきました。

しかし、ある場所に辿り着くなり、どこからともなく突如として、雑多な配色の謎の戦艦が二隻現れました。宇宙迷彩のつもりなのでしょうか、ジャンク品置き場からかき集めたパーツを、即興で組み立てたような荒っぽい作りですが、これまで見た中でとびきり素早い宇宙船です！

とにかくすばしっこく、ギャラクシトロンの宇宙船で両脇を囲んでも、予想もつかない角度で曲がりくねった軌跡を描いて飛び回り、後を追いかけるのがやっとです。クラーラの方に接近してきたので、周囲に他の戦艦をホバリング配置させるよう、兵士たちに命じました。

「この私と競おうって言うの？　上等じゃない」

高揚する戦意そのままに、彼女は冷静に戦況を見極め、呟きます。

「……どうやら歓迎されていないようね」

彼女は自ら戦艦の操縦桿をとり、すぐにでも対応できるように待機しています。全員が沈黙する中、緊張感が高まり、表情も強張って、呼吸するのも忘れるぐらいに目を見張ってモニターに映し出される景色に集中します。手は、ワープ空間スロットルに当てています。

そこに、敵船がまた突然現れました、今度は至近距離に現れ、突進してきます。やられました！　通り過ぎて行った際に、こちらが何機か爆撃されてしまったことが、空気の振動から読み取れます。

ですが彼女は、反撃の瞬間を捉えることにだけ集中していました。ワープ空間を起動すると同時に、反転空間を起動させたのです。それまで誰もやったことがない、何が起きるか予想がつかない操作でしたが、手が勝手に、しかし正確に動いて実行することができました。実は、この特殊な操作こそが、三大司令官〈トリプル・コマンダー〉が「オリオンの剣」に進入した際に行った操作であったのです。彼女は無意識に、その秘訣を自力で見つけ出したというわけです。

一瞬の迷いもなく、ワープ空間で戦艦を前進させ、数秒後にワープ空間を脱しました。

目の前には惑星マルドンの地表の景色。あとほんの少しワープ空間から脱出する時間が遅ければ、船は危うく地表に衝突して、全員命を落としていたことでしょう。ギャラクシトロン船は優美な弧を描きながら、何事もなかったかのように華麗に着陸しました。

その見事な操縦技術を見逃したマルドンの住人はいませんでした。首肯し、拍手を送るマルドンの司令塔からの賛辞は、異星から来訪した紫色の洋蘭の紋章がついた黒い戦艦へと向けられ、彼ら自慢の偵察艇から逃れたその腕前を、住人全員が認めたことを示していました。この惑星の住人は全員無法者ですが、度胸と自立心のある骨太の勇者には、身分などは関係なく大きな敬意を払い、認め合うという風習があるようです。

「さっきの凄い操縦は、どんな奴がやったのか？」と問いたげな視線が、黒船のハッチに集まります。

しかしクラーラは、なかなか降りてきません。まずは乗組員に船中待機命令を出し、誰も外に出さないようにしました。その間、身なりを整えていたのです。長めの紫色のドレスを着込みますが、そのドレスはとにかく薄く、その上メッシュ加工までされており、性的魅力をとことん引き出すように設計されたセクシーな服装でした。髪をまとめ上げ、耳元には彼女お気に入りの紫色の宝石が、妖しい輝きを見せています。煌びやかで贅沢で美しい、相手の男どもを魅了して離さない、この姿をこそ、彼女はこの場面で見せびらかしたかったのです。それから、仕上げに護衛用のオリオン製のレーザー型スタンガンを服の下に忍ばせ、準備完了。待ち侘びた衆目に、ようやくお披露目の時が近づきます。

マルドン人の観衆は焦らされ過ぎて退屈になり、異星からの訪問者の船を記念に撃って、蜂の巣にしてやろうかと言い出していました。気性の荒い連中だらけです。そんな荒れた雰囲気の中、突如としてハッチが開き、クラーラが姿を現しました。溢れる自信と、女王としての絶対的権力、そして最高権力者に相応しい美のオーラをまといながらの登場です。

さっきまであんなに騒いでいた大衆は静まります。その予想外の超絶的美しさに、呼吸すら奪われてしまったようです。誰にとっても、絶世の美女が目の前に現れたわけです。皆があまりの驚きと感嘆に、ずっと無言になっています。

静まり返り、尊敬の眼差しを向けてくる大衆を前に、クラーラは満足気です。大袈裟にも思えるほどに物憂くも優雅な足取りも、彼女の創作であり、心身掌握の一環なのです。その足取りの向かう先には、とにかく不気味なオーラを放っている連中がいました。その一人一人を鋭い眼差しで射抜きながら、彼女は距離を縮めていきます。

一様に蛍光色のつなぎを着ていて、一見すると作業員の集団のようです。多くはカウボーイのようなブーツをよく履き込んで愛用しているようですが、これは彼らにとっての栄誉の象徴なのでしょうか。これまたカウボーイハット的な、所々穴が空いた帽子を被って、巻き付け式のサングラスを頭に巻いています。ほとんどは人型の宇宙人ですが、くちばしと羽がある者や、ふさふさの毛皮のある者もいます。しかし、それを見つめる彼女は動揺する様子を全く見せずに、近づいていきます。

煌めく笑顔を表情として浮かべながら、女王らしく手を差し伸べ、口づけをせがみます。

（この場面はちょっと不思議で、いつどこでこんな仕草を身につけたのか疑問でした。ギャラクシトロンではこのような風習は全くありませんし……）目の前に立つ女性に向かい、一人のマルドン人が歩み出て、敬意のキスを送りました。厳つい感じの男性ですが、元星天司令官の一人だった過去を持つ人物のようです。

「紳士諸君、この私の相談に乗ってくださらない？」

クラーラは甘い声で囁くように言いました。要するに、「私をアジトの中に入れなさい」ということです。拒否する者は、誰もいませんでした。

14　カウボーイたち

十三人のマルドン人の男たちに囲まれ、クラーラは中央に座っていました。男たちはいずれも見るからに狡賢そうで、乱暴者で、ならず者の集まりでした。色々な角度からクラーラの美貌と、醸し出される誰よりも冷血な雰囲気を、味わうようにして見つめています。一言も発することなく、品格の観点で言っても彼女は全く引けをとらず、逆にその場を支配するほど圧倒的な強者のポジションに立っているように思えました。

「女王様、何かお飲み物はいかがでしょう？」

見たところ、銀河のほうぼうから奪い取ってきた蓄えもあり、頼んだら何でも持ってきそうな雰囲気ではあります。バーでは下品な話が飛び交っていますが、そこから持ってきたドリンクは意外にも「プレアデス・シャンパン」と言う繊細な一品でした。彼女はそれを見たことはありませんでしたが、見た目や名前からして美味しそうです。

泡立つアメジスト色のカクテルを数回唇に当てて飲み、クラーラはベガ特産ウエハースをおつまみに持ってこれるか、試しに尋ねてみました。（さすがに今回は虫料理を頼みませんでしたね）これも当然のように差し出されました。一口食べただけで、アアラダールとの甘い夜の記憶が鮮明に蘇ってきます。ですが、今は余韻に浸っている場合ではありません。すぐに気を取り直します。

彼らのリーダー格は、クイントロンと言う名前の、元銀河連合の元星天司令官です。屈強で活気に満ちた人物で、軍人気質がその所作にも表れています。なんというか、いい歳の取り方をした、ちょいワル親父というか、粋な伊達男です。タフガイさは銀河連合を離れた今でも健在のようで、簡単には出し抜けそうもない抜け目ない性格をしています。が、一応冗談も通じるようで、そういう寛容さもとりあえずは持ち合わせていそうです。どうやら過去に上司と揉めてしまった挙句、銀河連合から追放されてしまったようですが、あまりその過去を恥じてはいない様子です。というよりも、反逆者としての自分が好きなようで、多少の自惚れが見えます。クラーラは、一見すると厳ついこの人物も、傷つきやすいデリケートなハートを持っていることを見抜きました。彼はクラーラのことを気に入ったようで、デレデレしながら付き纏ってきます。とりあえず、敵に回さないで良かったと安心しました。敵に回したら、きっと恐ろしい相手になっていたことでしょう。

ひとしきり自分たちの過去の手柄などについて話しきると、クイントロンがクラーラを真っ直ぐに凝視して、低い声で尋ねました。

「さて、可愛いお嬢ちゃんよ。何しにここに来たんだい？」

クラーラは臆することなく視線を合わせて言いました。

「あなたたちに協力をしてほしいからよ。今は戦争の準備をしているところなの。敵はオリオンの暗黒卿。その為に必要な戦力を探しているから、ここへあなたたちを勧誘しにきたというわけ」

「……オムニを討つだと？　俺たちがそんな莫迦な真似をすると思っているのか？」

クイントロンが挑発的な態度をとります。

「莫迦だとか、そういう問題じゃないのよ。私たちが共闘すれば、勝てる戦だということは分かっているはずよ。より多くの富を得ようという話じゃないの。それはもう十分過ぎるくらい、持っているでしょうし。富なんかじゃない、これは私たちの自分自身の誇りと名誉をかけた戦いなのよ！」

（彼女はよくこの名誉や栄光という言葉を使って他人をけしかけますけれど、そういうことを尊重しているようには思えませんね）

「銀河連合はあなたたちを蔑視しているようだけど、なぜだかお分かり？　戦ったら、あなたたちに勝てないからよ！　戦士としては、あなたたちの方が勇敢で、格上の存在だから、悔しくてせめて見下そうとしているのよ」

皆が静まりかえって、真剣な表情でクラーラを見つめています。クラーラは、この沈黙は彼らが自分の話に熱心に聴き入っており、自分の言葉が核心を突いていて、彼らの心を鷲摑みにしたためだと確信しました。言葉を選びながら、慎重に演説を続けます。

「宇宙最強をうたう銀河連合が、なぜオムニを野放しにしているのか？　おそらくそれは、連中がただの腰抜けの集まりだからよ。負けるかもしれないという可能性に怯えているのよ。私は怖くない。私は女だけれど、戦うのは少しも怖くないわ。あなたたちはどうなの？　そんな図体をして、銀河連合の連中のように怖がっているのかしら？」

怒り心頭でクイントロンが立ち上がり、睨みつけてきましたが、数人がそれを制止したおかげで乱闘にならなくて済みました。流石に言い過ぎたかもしれません。クラーラはシャンパンを口にしながら、彼が冷静になるまで黙って待つことにしました。

少しずつ落ち着いてきたクイントロンですが、今度は何やら深い思索に耽っているようです。しばらくして、ようやく言葉を発しました。

「アンタの言い分は分かったよ、お嬢さん。一晩考えさせてほしい。即答できるような話じゃねぇしな。暗黒卿をぶっ倒すなんて、簡単なことじゃないぜ。今日のところは、ここまでで勘弁して、明日返答させてくれ。アンタらの船まで送るよ。食い物とかも要るかい？」

待ってましたとばかりに、クラーラは喜んでリクエストします。

「ベガ・ウエハースを数パック分いただけるかしら」

「了解。おい、カウトロン！　こちらのレディーに、ウエハースをお渡ししな！」

カウトロンは牛（カウ）のような頭をした青年です。大きく、感受性の鋭そうな目をしていて、体はふさふさの体毛で覆われ、黒と白の斑点があって、本当に牛さんのようです。クイントロンの言いつけ通り、すぐにウエハースを取りに走っていきました。クラーラは温かな心遣いにお礼を言いました。一人一人に挨拶をして、相手を一人前の男性として敬意を示しながら、情欲をかき立ててもいたようで、男たちは皆すっかりクラーラの虜です。

船に戻る途中はクイントロンがついてきてくれました。さりげなくクラーラの腕をとってリードします。シャーモと比べると彼はもう少し真面目で堅い人に思えますが、将軍としてはこういう男がこの上ない適役だと考えました。その強い意志と高い戦闘・指揮能力は、戦場で必ず役に立ってくれるでしょう。

船の前に来て立ち止まり、クイントロンがクラーラの目をしっかり見ながら尋ねてきました。

「本当にやるのかい？　お嬢ちゃん」

「ええ、もちろんよ。覚悟もなしに、ここに来ないわ」

平然と言い返します。

「そうか……じゃあまた明日の朝に。おやすみ」
クイントロンは挨拶の口づけを、今度は彼女の唇にしました。そして、カウボーイハットをちょんと上げて、行ってしまいました。

彼が最後にとった行動に若干困惑しながらも、満足気な笑顔で船に帰っていきます。中に入るとすぐに私室に駆け込み、一つ目のウエハースの箱を開け、惜しげもなく食べます。後のことを考えたら、楽しみは少しでも残しておいた方が得策でしょうに。

お腹いっぱいになった彼女は一息ついて、一日を振り返ってみました。クイントロンの最後の一言「本当にやるのかい？」が何度も頭を掠めます。

『……もしかして私、とんでもないこと、しちゃってる？』

次第に不安が大きくなり、押しつぶされそうになります。アアラダールと会った時もそうでしたが、自分は世間知らずだったということは、どんな時でも後々分かってくるものです。物知らずなあまり、理想と現実が噛み合っていないからです。そういえば、自分が本当は何者なのか、シャーモに問い詰めるのを忘れていました。だって、あんなに痛そうで苦しんでいる人に訊ける訳がない。

『私もオムニから、インプラントを埋め込まれたら、どうしよう……』

不安と困惑ばかりがいたずらに大きくなり、雑草のように次から次へと生えてくる疑念と恐怖心で胸の中は覆われ、もう駄目だと思う頃には、眠りについていました。

15　決意

次の日の早朝、目が覚めたクラーラは、昨晩の悩みが未だ解消されずに残っていることに気づきました。どうやって自分自身が作り出したこの泥沼の難局を突破できるか、答えが見つからないままで、朝を迎えてしまいました。これほどの恐怖感が、一体自分の中の、どの部分から湧き出しているのか？　かつてない巨大な恐怖です。実はオムニは全て知っていて、自分を陥れようと、何かをしているのか。それとも、自分がやっと正気に戻って、すでにそこにあった恐怖をいま初めて感じているだけなのか。よくよく考えてみると、もう彼女自身も後がないのです。オムニを放っておけば、遅かれ早かれギャラクシトロンを滅ぼしに来るでしょう。そうなっては元も子もありません。自分はオムニの人形じゃない、もう年俸制の使い捨ての駒をやり続けるつもりはありません。アアラダールが自分を保護してくれると申し出てきたこともありましたが、彼にそれができるのか？　本当のところはどうなるか分かりません。アアラダールを巻き込めば、銀河連合も舞台に上がることになるでしょうし、そうなれば、どちら側につくか読めませんし、自分の目的を妨害されたら最悪ですし。ああ、最初からどちらの味方につくのか、決まっていたらどんなに楽だったことか。

考え抜いた末に、一つの結論に辿り着きました。それは決意というよりは、妥協案という方が正しいかもしれませんが。まず、マルドン人たちからの返答を聞き、その返答がなんであれ、彼らの決断を尊重するのです。もし一緒に戦ってくれるのなら、このままオムニとの戦争に臨む。「できない」と言うのなら、無理に勧誘はせず諦めて、アアラダールに救援を求めることにしました。どうせここまで来てしまったのですから、もし今朝、クイントロンが援軍になってくれると決意を表明した後に、「やっぱり気が変わった」と言ってスタコラサッサと逃げ出したとしたら、それこそ全てを失って、今までの苦労が水の泡になり、バッドエンドしか待っていないことでしょう。それか、クイントロンならず者に追いかけられて、殺されて終わりでしょう。オムニに自分の身柄を差し出して、見返りをもらうよう取引するかもしれません。もう、ここまで来たら、引き返せない。やるしかないのです。

考えをまとめながら、彼女は真紅の衣装を手に取りました。クイントロンを焚き付けるにはうってつけの色と考えながら。彼が自分に気があることは明らかです。だから、あの男との関係性を、友達以上愛人未満という焦らしたままで縛っておこうと考えたのです。仲間として自分の目的のために、とことんまで利用してやるという決意でした。『性の力は生の力。これがあるから生きられる。これがあるから、私に力を貸してあげたくなるのよ』これまで生き抜いてきた彼女なりの生存の知恵でした。

それからまもなく、クイントロンがやってきました。彼女を見るなり、彼の胸は高鳴りました。全ては計算通り。もはや完全にクラーラの虜です。

「おお〜良いね、サイコーの女だ！」彼女を抱き寄せ、半ば無理やり接吻をします。

クラーラは頃合いをみて、ゆっくりと絡みつく腕を離し、彼と話せる距離をとりました。
「おはよう、クイントロン。今日も良い男ね。じゃあ、昨日の話の続きを聞かせていただこうかしら？」

するとクイントロンはまたもクラーラを抱き寄せ、その体勢のまま彼女を昨日の会議部屋まで連れていったのでした。他のメンバーも揃っていて、すでに会場は各種飲み物の準備も万端でした。アルコール類も、なんでもあります。クラーラには早速、彼女お気に入りのプレアデス・シャンパンとベガ・ウエハースが振る舞われ、彼女も目を輝かせながらむしゃむしゃと食べ始めました。それを眺める男たちも、こころなしか楽しそうです。さて、余興はここまで。

今日は彼らの決断を聞きにきたのです。

クイントロンがゆっくりとした口調で話し始めます。

「昨日はほとんど寝てないんだ。アンタの申し出について考えていたら、朝になっちまったんだ。頭捻って随分悩んだが、一つだけ確かなことがある。よく聞きな、お嬢さん。俺たちが自分らしくあることに、あんたという存在は必要ねえ。だがそれは、あのうざってえ連合や、オムニも同じだ。わかるかい」

クラーラは黙って首肯します。不思議と心の中は穏やかでした。これから聞く回答がどうであれ、すでに覚悟を決めているからです。

「さぁて、答えを言わせてもらうぜ。アンタの戦ぃを支援することにした。一緒に暗黒卿と戦おう。実は俺らも、最近は少し退屈していてね。何をするにも張り合いってもんがねえ。そこへオイシイ話が舞い降りてきたってわけなのさ。ハハッ、まったくイカれてるな、俺らも、アンタも。全員、生きて帰れないかもしれねぇ。だが、どうせ死ぬなら、前のめりに死にてえってもんだ」

クイントロンの浮かべた表情は笑っているのですが、どことなく悲しみを帯びた、哀愁漂う微笑みでした。

「へへ……そういうこった。じゃあ、これからどうする？　クラーラ」

クラーラは無表情を保っていますが、心の中では驚いていました。まさか、本当にあのオムニに逆らおうという、命知らずな連中だったなんて。

「手始めに、あなたたちのとっておきの大型戦艦と強い武器を見せてちょうだい。私たちの方も、征服した惑星から全兵力を招集するわ。とにかく、もっと人手が必要よ。ただし腰抜けは要らない。経験豊富な強い兵士だけを集めてちょうだい」

「いいね、了解した。連合の補給基地で警備の薄いところは把握してあるから、こっちで必要な物資は奪っておこう。ただ、戦艦が増えれば、操縦士が足りなくなるだろう。そこはどうする？」

「操縦士は私の方で手配するわ。戻ったらすぐにね」

クラーラは約束します。

「ただし、あなたの配下に加えるといっても、からかったり、イタズラしちゃ駄目よ？　私にしたみたいにね。よくって、クイントロン？」

眼差しに威厳を込めて、警告します。

「分かったよ、女王様。約束する。盗賊界では俺らは約束をきちんと守るってんで有名なんだぜ？　なあ、お前ら？　へっへっへ」

周りの男たちも騒々しく笑い声を立てました。

「信じているわよ、クイントロン」

その堅い微笑みからは、多少の強がりが見受けられます。

「任せてくれ。こちらからは、カウトロンとテクストロンを送るから、部下として使ってくれ。訓練役として有能な奴らだ。気をつけないといけないのは、チクリ屋だ。オムニはあちこちに密偵を忍ばせていやがる。ここには、そんな奴はいないがな！」

一同がまた揃って笑い声を上げます。

「銀河連合の奴らも、補給基地が攻撃されたとあれば、黙っちゃいないだろう。そっち方面からの報復にも気を配らないといけねえ、闇の主との抗争が始まったら、即座に一報を入れるからな、クラーラ」

クラーラは手を貸してくれることに再度礼を言って、山ほどあるウエハースのお土産を担いで、カウトロンとテクストロンを携えて船に帰還しました。最後にクイントロンに別れの挨拶を言おうとしましたが、ちょうど他の男たちと立ち話をしているところで、彼女に気づきません。

「クイントロン！」

呼ばれたことに気づいて振り向いた彼が「おう」と応えました。

「さようなら。また会いましょう」優しい声でお別れを言います。

「おう、じゃあな」そう言うとフイッと振り返って、また仲間との会話に戻っていきました。

『なによ……』

なんだか素っ気ないと感じたのでしょう。自分のしたことで、何か気に障ることがあったのかしらと、気になってきました。モヤモヤしてきます。すると、先ほどまであんなに高まっていた熱意が、スーッと冷めていくような感覚を覚えます。そして彼女は黙って、自分の船に戻っていきました。

天の高み
天使たちが住むところでは
妹の経験している苦境を見て
悲しみの涙を流す天使がいました

星天の光の下で……

16　治癒師

　ギャラクシトロンに帰還したクラーラは、新たに仲間に加わったマルドン人二人を連れて、すぐにシャカールと面会しました。まず真っ先に、マルドンに腕利きの操縦士たちを派遣し終えると、次に反乱軍の呼び名をどうするかという議題になり、最終的には「宇宙共闘戦線(Universal Nations Army)」、略称「ＵＮＡ」に落ち着きました。カウトロンとテクストロンは到着早々にギャラクシトロン傘下の惑星へと出発し、ＵＮＡ兵士の訓練に取り組み始めました。

　女王が不在の間にも、色々な出来事があったことが知らされます。一番嬉しい知らせは、治癒師を何人か駆り集めることができたことでした。戦いで負傷した蜘蛛族の多くが、新たに招集された治癒師の施した治療処置によって、快方に向かっているとのことです。ところが、シャカールは王シャーモの治癒まで全任してしまっていいものか悩み、長い間許可を下せていなかったとのことでした。

治療者のうち一人、ネプタという女性ヒーラーがおり、相当な変わり者だったということで、シャーモに面会させることを躊躇っていたというのです。しかしある時、シャカールはようやく彼女に治療の許可を与えたのでした。すると、シャーモの容体もみるみる良くなっていったのでした。シャカールもずっと忙しかったので、王の側で治療の経過を見守ることはできなかったため、この展開は意外な驚きを与えてくれました。彼曰く、オリオン・インプラントはまだ残っているものの、痛みはだいぶ和らいできたとのこと。

ネプタの話に興味を持ったクラーラは、その日の午後に自室に会いに来させるように命じました。なぜだか、夫よりも治癒師に会う方が先決だと感じたのです。そうと決まれば、次に宝物庫を訪れて、その中から綺麗で自分の好みに合う品物を吟味して、自室に移すことにしました。

持ち帰ったそれらを、数時間かけて自室に飾りつけました。終わってみると、以前の部屋の雰囲気よりも大分見栄えが良くなりました。自分へのご褒美に、誰にも見つからないようにとっておいたベガ・ウエハースを一口かじります。するとそこへ、部屋の扉をノックする音が聞こえました。例の治癒師でしょう。

扉を開けると、そこには意外な人物が立っていました。治癒師というと熟練の老婆を想像していたのが、そこにいたのは自分よりも全然若い、ほとんど少女と呼べる外見の女の子だったのです。細身で肌は白く、長いブロンドの髪の毛を後ろでゆったりと三つ編みにした少女の目は、向こう側が見えるのではないかと思うくらいに透き通っていて、全体として透明な黄金のオーラを放っています。

「お入りなさい。そこにお座り。私はクラーラ、ギャラクシトロンの女王です。あなたがネプタね？」

「はい、私めがネプタ・エル・ラーでございます」彼女の涼やかで優しい声は、まるで光が踊っているように、輝くような響きです。窓際にある、絹のクッションが置かれた椅子に座らせたことも影響しているのでしょうか。

そういえば、自分の座っている椅子のクッションもあれと同じだったと思い出しながら、クラーラは好奇心を隠さずに質問します。「ネプタ・エル・ラー、あなたはどこから来たの？」

「私は一なるものより来たりし者でございます。しかし人生のほとんどを、惑星オサンナーで捕虜の身として過ごしてきました。そこで、蜘蛛族の人たちに、ギャラクシトロン本星へ治癒師として出向けば自由の身になれると言われましたので、こうして参りました次第です」ネプタの声は変わらず、虹色の音楽を奏でているように響いています。

クラーラはその不思議で美しい声に魅了され、一日中聴いていても飽きない音楽のようだと思いました。こんなに興味を惹く少女も珍しいし、色々と質問を投げかけてみたいとも思いましたが、とりあえずシャーモの容体を確認することが先決と考えました。

「私の夫であるシャーモの治療を担当してくれたそうね。経過は、どうかしら？」

「お体の痛みは大分引いて、もうほとんどありません。インプラントも、まもなく取り除かれるでしょう。しかし、まだ問題が残っていて、そちらは日々大きくなっています」

ネプタの口調は淡々としています。

「問題とは？」

「それは女王様ご自身で見つけなければなりません。今から王様に謁見しに参りましょう。王様が置かれた状況について、本当のことが分かると思われます」

「分かったわ」

クラーラは立ち上がり、二人でシャーモが伏す部屋に向かいました。扉の前の守衛たちが交差した斧槍を平行にし、二人を部屋の中へ通します。クラーラは、扉の向こうで見た光景に驚愕します。カーテンが開いて、外の太陽の光が部屋中に差し込んでいるのです！　普段真っ暗闇にしているシャーモの部屋に、光が！　シャーモは以前からずっと、眩しい光が苦手だったのにです。

王はベッドに寝そべっているのではなく、椅子に腰掛けていました。小さくとも豪勢な作りの椅子で、座っている彼も偉大な人物に思えてきます。王が女王を見返します。しかし、その視線はどこか他人を見ているような感じでした。その視線に女王はショックを受けます。自分から気持ちが離れていく男性が、また一人いたという想い。まるで見知らぬ者を見るような、他人事のようなあの目。

クラーラはその不穏な空気を拭い去ろうと、彼の近くに駆け寄って、挨拶をします。しかし、シャーモの目からは感情というものがまるで感じられません。暫しの沈黙の後、彼は喋り始めました。今まで聴いたことがないような、虚ろで機械的な声でした。

「ああ、コンニチハ。私の妻の、クラーラですね。ここにイルということハ、旅を終えて、今帰還したのですネ。ソウデスネ」

「シャーモ⁉　冗談はやめて！　私よ、クラーラよ！　今度は何よもう！　もうイヤ！」

耐え切れないほどの心の苦痛で涙腺は崩壊し、悲しみは怒りに変わり、その矛先はネプタの方へ向かいました。

「ネプタ！　あなた、シャーモに何をしたの⁉」

怒鳴られても、ネプタは全く動じずに答えました。

「私がやったのではありません。オリオン・インプラントの影響です。シャーモをアンドロイド化しているのです。王様が全ての感情、感覚、個性を失くしつつあることは、ご覧の通りでございます」

「分かってるのならなんで、この忌々しいインプラントをさっさと剥がさないのよ！　あなた、それでも治癒師なの？」

クラーラの顔が絶望に濡れていきます。

「はい、インプラント除去ならば可能です。私は治療士長の一人ですので。しかしながら、王様がそれらを取り除くことを拒否されておられるのでございます。ここ数週間ほど、幾度となく説得を試みたのですが、依然としてお答えを変えられません」

ネプタが楽曲を奏でるように綺麗な声で、説明します。

それが今のクラーラにとって救いとなりました。心地良い音色の声のおかげで、多少の心の安定がもたらされます。一旦、シャーモ本人に話しかけてみることにしました。

「愛する私のシャーモ、どうかネプタに、そのインプラントを剥がすように命じてちょうだい。どうか、もう一度あなたになってみせて！」

「否決。否決。否決。ワタシは、オリオンの闇の支配者ノ、忠実ナル下僕。ワタシの主は、オムニ、のみデス」

真っ青になったクラーラがネプタに向かって、最後の望みとばかりに懇願します。「お願い、許可なんてこの際いいから、これを今すぐ取ってちょうだい！　このままじゃ、シャーモが、シャーモがいなくなってしまう！」

「いいえ、できかねます。癒すことでさえ、ご本人の自由意志なしにはできません。インプラントを埋め込む際に、そのように不可侵契約を結んでいらっしゃるのです。そうした契約の多くは、嘘の約束、あるいは不完全な知識が基になっています。インプラントを埋め込めば直感力がより優れたものになるとか、より大きな権力を持つことができるだとか、これで望みのものは全て手に入るなどと言われ、合意に及びます。そのような契約も、埋め込みが済んでしまえば、人格が大きく歪められ、どの道真実がわからなくなるため、大事ではなくなります」

ネプタ・エル・ラーはクラーラを慈愛の眼差しで見遣り、言いました。

「女王様、ここは一旦退きましょう。お部屋に戻りましょう」

クラーラは茫然自失といった様子で、重い足を引きずるようにして自室へと戻ります。ネプタが一人になりたいか尋ねると、クラーラは目に涙を浮かべながら訴えました。

「ここにいてちょうだい！　私を一人にしないで。誰かそばにいてほしいの。私、こんなに泣いて……昔はこんなじゃなかった。なんでこんな……私、どうしちゃったんだろう……」

　ここまで自分の内面を誰かに晒すことも、初めてのことでした。

『もしかしたら……この娘が？』クラーラは、目の前にいる女の子は実は魔女で、宮殿全体にまじないをかけたのではないかと思い始めました。疑い始めたら最後、この娘をまともに見ることができません。

「……やっぱり、いいわ。一人にしてちょうだい。よくやってくれたわ。もう、行っていいわよ」

　クラーラはまた昔のように威張った態度で、扉の方を指差して命令しました。ネプタは一礼して、言いつけ通りさっさと行ってしまいました。扉が閉まり、ネプタの足音が遠ざかると、クラーラは胸が締め付けられるような想いになりました。

『私、あの娘になんであんなこと……シャーモ……私、どうしたらいいの？』

希望はすっかり失せて、床に置いてあったクッションの上に、倒れるようにして伏せて、彼女は泣きました。悲痛の涙は止まることなく、全身から涙を流すように、泣き続けました。

『もう自分が何者かは、決して分からない。本当の家族を見つけることはできない。それと……シャーモが本当は全ての元凶だと分かったら、私はなにをするか分からない。私は、どうしたいの？』

17　銀河連合

　ここで一旦、物語を区切って、「時間」について、少しだけお話をさせてください。まず、物語のほぼ全体は、「銀河時間〈ギャラクティック・タイム〉」というべき時間枠の中での出来事として、綴らせていただいております。

　この次元宇宙においては、時間の測り方は、大きく分けて四通りあります。第一に、地球時間。これは私たちには馴染みのある、一日を24時間、一年を365日で区切る方法です。第二に、銀河時間。このスケールで見ると、時間は引き伸ばされます。地球上で一ヶ月という輪郭を持つ時間は、銀河時間ですとそれ以上の多くの潜在性を持ち、例えば銀河時間での数ヶ月という時が、地球上では約一年に換算されることだってあるのです。

　第三に、天界時間〈セレスティアル・タイム〉。地球上での一年は、天界時間ではぴったり一日となります。そして第四に、前の三種の時間と同時共存している「無時間」があります。

この時間を実感するには、超現実〈ウルトラ・グレーター・リアリティ〉という一元性領域にご自身を定着させる必要があります。無時間〈ノー・タイム〉においては、時間も二元性も停止します。そうしたものが存在し得ないのです。

同じことは「空間」や、寿命の概念についても言えます。例えば、銀河時間では地球よりも一生が長くなります。あちらでも距離は「光年」で測られることは共通していますが、「ワープ空間」の要素も絡んでくることから、飛行速度は多くの場合、光速に制限されることがないのです。宇宙にあまねく存在するワームホールを通れば、好きな場所に瞬時に移動できます。

天界時間で見ると、二地点間の相対的距離はさらにグッと縮まります。そこでは光速などで距離を測る意味がなくなります。星天波〈スターウェーブ〉に乗れば、どんなに離れたところへもひとっ飛びできますし、「制御点」や「中継点」などを活用すれば、A地点からZ地点まで一瞬で跳躍するといった芸当も可能です。それから、星天扉〈スターゲート〉から次元間を飛び越えて、今いる現実世界とは異なる異世界へと移ることもできたりと、何でもありの世界です。

天界では地上での生活のように決まった一つの体に存在すること、すなわち、個の存在として生きることは重要ではなく、そうするかどうかは全て自由意志で決定されます。いつでも体から抜け出たり、新しい体に入ったりもできますし、異なる体で同時に存在することもできます。

無時間についてですが、これは極めて単純です。あなたはそこで、世界全てになるのです。全能の一なる絶対者となり、私たち全員と一体化します。

＊　＊　＊

それでは、物語の続きを、お話ししていきましょうか。あれから時間がいくらか経ち、マルドン反乱軍は予定していた通り、ベクター4にある惑星X432にある銀河連合の物資保管庫を奇襲し、作戦は成功しました。新しく手に入った宇宙船や兵器群は、月や衛星に偽装してベクター5内の惑星へと密輸されてゆきました。

ところが、銀河連合もやられっぱなしでは終わりませんでした。ちょうどその時、アークトゥルス星系にあるアリオン評議会で、連合軍の会合があったのですが、そこへある緊急通達が飛び込んできます。それは、X432でマルドン人たちの戦艦が目撃されたという知らせでした。保管庫の急襲により、信号を送ってきた味方が全滅したということは、その後に知ることとなりました。

議会では当然、これはマルドン人たち悪漢どもの仕業に違いないという結論に至りました。しかし、オリオンの暗黒卿の差し金であるという線も、可能性としては捨てきれません。今回の無法行為についてパナチャー、アシュター、ホクトール、センタラー、ザール、ハトン、そしてソルテックら、銀河連合を代表する星天司令官たちが一堂に会し、真剣に対抗策を講じています。会議中、ずっと何かに頭を悩まされて、発言もないまま座っている司令官が、ただ一人だけいました。アアラダールです。どうやら、「この件にクラーラが絡んでいる気がしてならない」という、直観に悩まされているようです。

とりあえず、事態を受けて、全銀河連合軍に向けて緊急警戒体制を発令する運びとなりました。それは連合軍内に密通者がいないか、今一度各自で身内を精査することや、全保管庫の警備水準を高くし、門を守る兵士たちには特段の重装備を施し、戦略的地点に配置することを意味していました。

アアラダールがここで沈黙を破ります。

「ベクター5とベクター6の警備を倍にしても良いでしょうか？　ある懸念があり、それゆえ、具体的な理由は今ここでは明かせないのですが、やっておかねばならない気がしてならないのです」

「……承知した、アアラダール殿。すぐにそのように手配しよう」

評議会長は信頼を置いているアアラダールからの申し出に返答します。

「それから、誠に身勝手な申し出ですが、この件について私は、自分だけで状況を把握するために、一旦この任務から外させていただきたいのです」

アアラダールの言葉にはいつにも増して厳粛な重みがありました。何か深刻な事情があることが読み取れます。

「うむ。承知した、アアラダール殿。何があったかは分からないが、やり残しのないように。君の目的が実現することを祈るとしよう。ただし、何かあったら直ちに評議会に伝えるようにしてくれたまえ」

「御意《ぎょい》」

アアラダールが感謝を込めて返事をします。

会議を終えたアアラダールは、早足で私室に向かいました。一応、出自はアルデバランですが、彼はこれといって定住地を持たない主義の人でした。それに、行く先々にすでに衣食住が用意されていたことも、「故郷」の概念が心に根付かない理由になっていました。帰る場所といえば、決まって宇宙ステーションでした。まれに基地の外にも停泊することは、多くはないですが一応ありました。例えば、アークトゥルス星系の惑星アリオンは彼が休暇を過ごすための、お気に入りの場所でした。そこには広大な海に無数の小島があり、その一つに他に誰もいない小屋を建て、秘密の安息の地にしていました。

アリオンほど美しい惑星は、宇宙広しといえども、極めてまれと言っていいでしょう。全てが鮮やかな青色で輝く、水の惑星です。青い海、コバルト色の島々、ターコイズ色の空気。陸の上には沢山の植物が若草色を光らせ、色とりどりの巨大な熱帯地域にありそうな花を咲かせています。そこに建てられた家屋は、アアラダールのものも含む全てが、白を色調とする、屋根が透き通ったドーム型建築物でした。夜になればきっと、屋内からでも満点の星が見えるでしょう。惑星アリオンで雨が降ることはほとんどありませんが、空気は常に湿り気と花の香りを帯びているので雨の必要もなさそうで、とりあえず気持ちの良い晴天が年中続き、雨天とは無縁の気候のようです。

小型船で空中から降りてきて、自分の小島に着陸したアアラダールは、すぐに建物内で思索に入りました。

『クラーラだ。絶対に彼女の仕業だろう』彼は確信していました。『だいたい、他に誰がこんな大それた事をしでかすだろうか。常人が考えつくようなことじゃない』

ところで、アアラダールはクイントロンとも知り合いでした。銀河連合にいた時に一緒に戦った仲です。他にも、マルドン反乱軍の中に数人、当時の顔見知りがいました。しかし、彼の知るクイントロンは、銀河連合の強大さを知っているので、相手に無茶な戦いは挑まないはず。

『一体、クラーラはどうやってあの男を味方につけたのだろう？　保管庫からあんなに大量の戦艦や武器を盗んで、何を企んでいるのか？　版図拡大のため？　そんなわけがないだろう。対面してからはずっと、彼女は自分のいるベクター外の星々を襲うことはしなかった。じゃあ、何が目的だ？』

クラーラのことを考えていると、アアラダールはいつも感傷的になってしまいます。彼もまた、クラーラに思いを寄せていたのです。彼女のことは綺麗さっぱり忘れようと苦心したこともありましたが、どうしても忘れられずにいました。またいつか何処かで、再び巡り会える気がしてならなかったのです。その相手といつか戦場で敵対するなど、あってはならないことであり、どうしても避けたいことでした。しかし、数多いる女性たちの中で、なぜクラーラだけにこんなに拘っているのか、解せない思いでした。まるで、体の内側に刻印されたように、彼女が消えないままでいます。いつ、どこにいても、何をしていても、クラーラが自分と共にいるのです。アアラダールはそんな彼女の方も、自分と同じことを感じているのか密かに知りたがっていました。

それにしても合点が行かないのが、クラーラがまだオムニ側に付いているとして、なぜ銀河連合の物資を奪う必要があったのかというところです。武器を大量に奪って、なにを企んでいるのでしょうか。

『それに、一匹狼で誰の指図も受け付けないあのクイントロンが、魔王軍の配下につくことは考えられない。自分の次の一手を、どうするべきか？　クラーラに当たってみるか？　それともクイントロンと直接接触すべきか？　どちらの方が、正直に自分に話してくれるだろうか？』

アアラダールはしばらくジレンマに悩んでいました。悩む一方で、クラーラにまた会えるかと思うと、胸が高鳴ります。

『クラーラ、きみなら嘘はつかないだろう。きみは嘘が下手だからな……』

クラーラと接触する最適な口実を考え、まずは彼女の従者のうち密通者として忍ばせてある者に知らせを送り、どこかの「中立域」で面会できないかと伝えられるか、試してみることにしました。中立域とは、闇の勢力のトップであるオムニにも手出しができず、したがってスパイに話を聞かれる心配もない場所で、その中では双子座メブスタ（イプシロン星）が良さそうだと考えました。

18　メッセンジャー

　惑星ギャラクシトロンの王宮内。室内用の服に身を包んだクラーラは、ここ最近、同時期に沢山のことがあったおかげで、精神的にもかなり疲れていました。例の保管庫からの略奪は上手くいったし、反乱軍も大戦争に向けて着々と準備を進めていました。自分の秘密の計画が暗黒卿に気づかれた兆候もなく、全てが順調に思えました。

　今、当面の問題は、彼らの王シャーモでした。体の傷が治るにつれ、このまま王座に復帰した時に問題だらけになりそうだということが、目に見えていました。シャーモは相変わらず頑なにインプラントの除去を拒んでおり、これには腹心のシャカールも頭を抱えていました。このままでは、傷が完治した暁には、ギャラクシトロン帝国の存続の危機に発展する事態になりかねないと予想していました。だからといって、クラーラはシャーモを始末してしまおうなどとは考えませんでした。それよりも、これは彼女以外もそうだったのかもしれませんが、実際にギャラクシトロン全体が直面している一大事をまず解決する方が優先と考えていたのでした。

シャーモが正気に戻った時に降りかかるであろう、責任の負担を少しでも減らすためにも。

何よりもつらかったのは、クラーラ本人が今後の行方について、どうしていいのか分からない状態だったことでした。自分で言い出した戦いであるのに、自分で自分が先行き不透明で不安定だということが分かってくると、どうしていいか分からずに、会議をほっぽり出しては、自室に籠ってひたすら涙を流していました。それも、半日近くずっと涙が止まらないのです。涙も枯れ果てた頃、いつも襲いかかってくる自己嫌悪に押し潰されそうになります。『ああ、あの頃の自信満々だった自分は、どこに行ってしまったの！』言い出しっぺの自分がなぜ戦っているのかも分からないのに、誰がこの戦争の大義を知っているというのでしょう。『戦力的にも、私たちにとても勝ち目はない。なぜ皆、あの邪悪極まりないオムニに立ち向かうの？勝てるわけないのに』

深く考え込みすぎて、ドアをノックする音が大きくなるまで、クラーラは誰かが訪ねてきていることに全く気づきませんでした。扉を開けると、予想もしていなかった人物がそこに立っていました。治癒師の少女ネプタが、かつて自分の星を征服した元凶である女王クラーラを訪ねてきたのです。マルドンから帰宅した日に会見した後、全くと言っていいほど会う機会はありませんでした。しかしクラーラは、ネプタへの好奇心を持ち続けてきました。しかし、そのこととも関係しているのか定かではありませんが、クラーラは、どこかでネプタを避けている自分自身がいることにも気づいていました。おそらくそれは、彼女の放つ真っ直ぐなオーラ、そして正論に対し、歪んだ自分が応えられるのか、自信が持てなかった所為でしょう。また、抱え込んでいた問題が多過ぎるところに、これ以上の厄介ごとが持ち込まれた日には、それこそ全計画に支障が出てしまうと内心考えていたのかもしれません。

「女王様に進言したく馳せ参じました。よろしいでしょうか」

ネプタが静かな口調で尋ねます。

その声はあの日に聴いた虹の声色のままで、その美しさにクラーラは思わずハッとしました。

「ええ……もちろん、いいわよ。どうぞ、入って」

扉が閉まったことを確認したネプタは、開口一番に言いました。

「大事な伝言を持ってまいりました。どうやってこの伝言を手にしたのか、女王様がお尋ねにならないことをお約束していただければ、今この場で、お伝えさせていただきます」

女王である自分に条件をつけてくるなんて生意気な……と内心思いもしましたが、そこは悟られぬよう顔色を変えず、いつものように権力者らしく振る舞おうとしました。

「ほう、では、この私が断ったら？」

「その場合、おそらく私は伝言を伝えられぬまま、死刑に処されるのでしょう」

あくまでネプタは冷静です。

罠にかける気もなく、本心から言っているのだと悟ったクラーラは、態度を改めて柔らかくして言いました。

「……約束するわ。それで、誰からのメッセージなのかしら？」

「女王様の心に今も生きている御人でございます」

ネプタは答えました。

「中立域である双子座メブスタにて、女王様との面会をお望みです。往復路の安全はご自身で確保することを、そのお方は約束するとのことです」

『これは……まさか、アアラダール……からの伝言？』そう考えたクラーラは、思い切ってネプタに質問をぶつけてみました。

「その人物から、本当に伝言を貰ったという証拠は、あるのかしら？」

「〝お望みの量のベガ・ウエハースを持っていくよ。なんなら、ハエ料理だっていい〟そう仰っていました」少しだけ笑顔になって、ネプタは返事しました。

『アラダールだわ！　間違いない！』クラーラはついに確信しました。

「でも、どうやってあの人から伝言を？」

「お待ちを。その質問にお答えすることは、もう二度と私を経由して連絡ができなくなるという意味になります」ネプタは両手を挙げて警告を発します。

「そうだったわね、謝るわ。もう訊かないと約束する」

自分がここまで容易く丸め込まれるなんて思いもよらなかったと、自分で驚きながらも、気になっていたことを尋ねます。

「返事は今しないとダメ？」

「行かれるのですね？」

ネプタは質問で返してきました。

少しばかり躊躇したものの、クラーラはすでに決心していた答えを言葉にして発しました。

「ええ、行くわ。彼に伝えといてちょうだい。〝メブスタで会いましょう。楽しみにしているわ〟って」

「かしこまりました。では、私はこれにて失礼いたします」ネプタはそう言うと、開けた扉の隙間をするりと抜けて、行ってしまいました。

自分以外誰もいなくなった部屋で、クラーラはまさかの展開に、しばし呆然と立ち尽くしていました。心の中では多くの疑問が次から次へと湧いて出てきます。

『なんということ。アアラダールが私に伝言を！　部屋にいる私に直接！　流石と言うしかないわね。それと、ネプタ……あの娘は一体？　アアラダールから伝言役を任されたということは、外法を使う魔女とかではなさそうだけれど……まさか、銀河連合の密偵……？　あの少女が？』

しばらくの間、彼女は内観し続けます。

『アアラダール……一体何をするつもりなの？　もしかして、一緒にオムニと戦ってくれるとか？　それとも、戦略や打算は抜きで、ただ単に私に会いたいだけなのかも？　でも……この伝言からは、真剣な想いが伝わってくるわ。あの襲撃事件に私が関わっていると、見透かされているのかしら……叱られちゃうかもね』

とにかく、アアラダールに会いに行くことを心に決めたのでした。行き先は敵も味方も、他に誰も二人を邪魔できない中立域……

思いを巡らせていると、クラーラは自分が笑顔になっていることに気づきました。しばらくぶりに作り笑いでない、ほんとうの笑顔を浮かべていたのです。

19　暗闇の支配者

　これまでお話ししてきたギャラクシトロンとマルドンの極秘反乱作戦ですが、当然のことながら、オリオンの暗闇の支配者には、筒抜けでした。どういうことか？　それは、補足説明も兼ねて、これから少し解説させていただきましょう。

　オムニのうちの一人は、この極秘計画について、初めから全てお見通しでした。序盤で登場した三人衆のうち、真ん中にいたミステリアスで、とてもハンサムな男性を覚えていらっしゃるでしょうか。彼の名は、ゼオン。他の二人、トライアックスとナルクロンとは、あらゆる面で違っている人です。とりあえず、オムニ三人衆の中で最高の権力を持っていたのは、ゼオンで間違いありません。彼が最終決定権を握っていたのです。前に立つのは常にトライアックスとナルクロンで、大体の仕事は二人に全部任せて、自分は後ろで見ているだけですが、実のところ、ゼオンがオムニの要となる存在であり、最強の知能と絶大な力をもって、他の二人を操っているのでした。

　絶対的な力の差を埋める術もなく、実力の劣るトライアックスとナルクロンは、ゼオンに羨望の眼差しを向けるとともに引け目を感じ、大きな嫉妬心を抱いていました。二人はお互いに陰口をたたき、お互いにゼオンを憎む気持ちを曝け出し、いつかあの男を陥れて、その力を自分たちのものにしてしまおうと画策していました。二人が特に気に入らなかったのは、ゼオンが闇の主としてあれだけの力を誇りながら、悪に徹し切れていない点でした。「全宇宙の暗闇の支配者」を名乗るのなら、どんな悪者よりも残虐で暴虐無人、この世のあらゆる混乱と破壊をもたらし、秩序という秩序を壊し、平和を破壊する、恐ろしい存在であるべきだと考えていました。

　嗚呼……トライアックス、ナルクロンよ。あなた方は、自らに与えられた「役目」に呑み込まれて、戻れなくなってしまったのですね……　そう、私たちは誰でもいつか、それを経験するでしょう。そういうものです。ところが、ゼオンは自分の持つ「絶対悪」の役目に、後一歩のところで呑み込まれずにいました。そのことが他の二人と打ち解けられない原因にもなっていましたが、彼の大きな力の源にもなっていました。悪になり切れないことで、誰にも持てない力を得て、オムニの中心的人物になる資格を得たのです。曇りなき眼でゼオンを見つめてみてください。あなたにも、大きな黒い渦の中にある、小さな光の輪が見えるでしょう。一つの時代に、二人としてこういう存在はいません。オリオンの闇の帝国全体を見渡しても、彼は光の輪を心に内包する、ただ一人の人物として選ばれた存在だったのです。このことも「天の計画」の筋書きの一つでした。全ては「宇宙法」を成り立たせるための摂理なのです。彼のように、闇の主でありながら光を内に抱く宿命を持った人物が現れることは、この宇宙自然に普遍の理なのです。

他の二人が組んで挑んだことはありましたが、ゼオンには全く太刀打ちできませんでした。どんなに巧妙な罠を仕掛けても、全てお見通しだったのです。よって簡単に危機を回避し続け、「何も起きなかった」という結果だけが続いていきました。オムニという存在は、この次元宇宙の「悪」そのものの化身であるはずです。ゼオンはその原則を大事にしているようで、体裁だけはよく振る舞い、自分を陥れようとする二人を罰することもなく無視して、ひたすらに内側の光点の中から、外界を観察するに徹していました。その光の輪は、「ANの全能の目」と直接つながっていました。

その目で、クラーラの動きもずっと見ていました。彼女が本当は天界から来た存在であることもすでに見破っていて、その起源に反く運命を驀進する彼女の人生に、大きな好奇心を抱いていました。

『クラーラか……天使たちも同族が下界で悪事を働いている姿を見て、さぞかし嘆いていることだろう。クックック……』

一人の堕天使の今後の動向を、ワクワクする気持ちで見つめていました。

初めは珍しい生き物を見るような思いで彼女を観察していたゼオンでしたが、次第にその笑みも失せてゆきました。冷たい感触の勘が働いたのです。

『天界がよもや、このような過ちを犯すわけがない。何かあるな、これは』

ゼオンはすぐに、これは全て天の計画がわざと起こしている出来事であると思ったのです。クラーラがギャラクシトロン軍に捕獲され、人格を再構築された悲劇も、全ては仕組まれた出来事だと。「至高の計画」というものはいつもそうで、知らず知らずのうちに自分の運命をも巻き込んでいるものです。彼自身も、いつの間にか天の計画に巻き取られないように、日々気を配りながら生きてきました。ついには、クラーラが自分たちに反乱戦争を仕掛ける局面まで辿り着いていました。この展開は大いに不自然だと考えたのです。そして、このことも天の計画の筋書き通りだとしたら、オムニが果たす役割は大きいはず。

それにしても、運命とは不思議なものです。捕らえられた元天使の旦那さんは毛深い蜘蛛男（！）で、みすぼらしい貧弱な装備でこのオリオンの暗黒の主に挑もうというのだから！

「ククク……ハッハッハ……これは傑作だ」

考えただけでゼオンは笑いが止まりません。

『反逆者のごろつきどもめ。徒党を組んでいるつもりなだけで、実態はただの寄せ集めのガラクタ勢力。しかも、奴らをまとめているのは、堕天使に率いられた蜘蛛族ときたものだ。軍隊と呼ぶのもおこがましい。いつでも一捻りにできる、取るに足らない連中だ』それに本心では、娯楽として、この戦争の成り行きを見ていたかった気持ちもありました。計画はどちらにせよバレバレなのだし、次はどういう手でくるつもりなのか、できるだけ手を加えずに野放しにしておこうと決めたのでした。

ここまでは、銀河連合軍の補給場がある惑星X４３２が襲われた事件があった日の、直前のオムニ側のお話でした。トライアックスとナルクロンの二人は、この事件はただの野盗どもの仕業じゃないと勘付き始めたのです。オムニから闇の帝国一帯に、特別警報が発せられました。

ゼオンは自分だけが知る秘密計画についてを、他の誰にも明かそうとはしません。いずれにせよ、時がくれば密偵たちから事実を知らされることだし、その時までは一人で楽しんでいようと考えていました。ベクター3、4、5、6では、暗黒卿直属の軍隊の存在感が増していきました。もしオムニの二人が痺れを切らして銀河連合に手出しをしたら、それこそ即戦争が始まるでしょう。まさに一触即発の状況で、銀河中に大きな緊張の糸が張り詰めました。

オムニは銀河連合へ「例の事件には自分たちは関与していない」という声明を発表すべきかどうか、長らく三人で話し合っていました。しかし結局、連合側には情報を一切出さない方が、誰が本当の敵かも分からず、攪乱に有利だと判断し、対立中も沈黙を決め込むに至りました。

トライアックスとナルクロンが会議を終えて室外へ去った後、ゼオンはシャーモに埋め込んだインプラントを念力で起動させました。

『クックック……さあ、クラーラ、どう転がるか見せてくれたまえ。せいぜい私を楽しませてくれよ』

20　メブスタでの逢瀬

休職期間が終わる数日前、アアラダールは双子座のメブスタ星に到着しました。滞在中、ほとんどはクラーラとの面会に備えて手筈を整えるために時間を割いていたようです。この期間、来賓用のスイートルームの中から厳選した、とっておきの重役室を用意して、ベガ・ウエハースもありったけの在庫と、それから他にも彼女の好みに合いそうなスイーツを仕入れ、まさに準備万端といった様子です。

『もうすぐ、彼女に会える……』

アアラダールは準備中、あまり期待をし過ぎないように自分を律していましたが、やはり感情の昂《たかぶ》りを抑えることは難しいようです。自由奔放な彼女のことですから、この後何をしでかすか、完璧に予想することは難しく、となれば自分の任務を完遂することに集中すべきと考えていました。彼の役目は、この戦争を予防して、破滅的な結末を回避することです。自分が介入しなければ、ここから未曾有の宇宙大戦に発展しかねないと、彼は予感していたのでした。

その大戦争の中心にいるのがクラーラその人であり、彼女を巻き取ってしまえば、戦争そのものを回避できるという作戦です。そんな女性が、よりによって自分の意中の人だというのは、これもまた運命の悪戯なのですね。しかし、だからこそアアラダールは本気になれたのでしょう。誠意でもてなし、彼女の心に直に訴えかければ、まだ遅くないのかもしれない。彼女を光側に呼び戻せるかもしれないと、信じられたのです。

＊　＊　＊

ちょうどその間、クラーラはメブスタへと向かっている宇宙船の中にいました。彼女の心も感情の波に揺られていました。「ひょっとしたら」から始まる淡い期待が、何度頭の中をかすめたことか。何が起きるか全く見当もつかないし、アアラダールが自分に伝えたいことは何なのか、何度考えても自分だけでは答えを出せません。だから、一旦何も考えないことにしました。考え事に時間を使うよりも、星天図とそれに関する知識を、今のうちに頭に叩き込んでおけばまだ役に立つだろうと考え、勉強を始めました。今後何が起ころうと、きっとこの知識が役に立つと、不明瞭ながら確信もあったのです。

不思議なことに、クラーラはすらすらと知識を吸収してゆきました。まるで、すでに何度も見てきた星々の光景を心の奥底で詳細まで覚えていて、それら細胞記憶からデータを取り出しているような感覚でした。時折、各ベクターの中心部や、重複域周囲に充満する「無（0）」の領域に意識を集中していると、星天流の中を飛んでいる記憶が、遠い日の光景が、蘇ってきたのです。そこでの時間は、存在を忘れてしまうほどに、極めて存在感が薄いものでした。当然、クラーラは生身で宇宙空間を漂った経験は、覚えている限りではありません。その時も、体は宇宙船の中です。しかし、覚えているその光景では、自分の体だけで星々の河を渡っているのです。

『何なの、この懐かしい記憶のような感覚は……？』

研究に没頭している間、そうした神秘体験で陶酔する瞬間が、何度もありました。勉強するのは楽しく、ずっと苦もなく続けられました。そして、メブスタが眼下に現れると、彼女の胸はまた高鳴り始めました。いそいそと用意していた衣装に着替えます。赤と紫の色のフォーマルなドレス。長めの丈のスカートは、タイトなものを選びました。どうやら、アアラダールを想って選んでいたようです。（彼の心を射止めようと、最近見つけたいい感じの組み合わせを

試したかったのでしょう)

窓から見下ろすメブスタには、高く突き出た岩山の峰と、谷間の低地に鬱蒼とした森林があって、対照的なものが共存する面白い景色を見せていました。そこへ、未来風な宇宙ステーションが視界に入ってきます。大きな球体の数々が空中に浮かび、異世界を思わせる不思議な塔が佇んでいました。クラーラにとっても、これまで見たことがないような、絵になる光景でした。

アアラダールが遠くの宇宙からきた黒い戦艦を見上げています。船にはちゃんとあの紫色の洋蘭のマークがあることを視認し、急に胸がいっぱいになりました。

『ああ、クラーラ、来てくれたんだな！』

宇宙ステーションの入り口に立ったアアラダールは、クラーラが船から出てくるのを、今か今かと待ち焦がれています。そしてついに、待望の再会の時が来たのです！

『来た！　あれだ、俺の夢の女性《ひと》だ』

すぐに駆け出して、彼女をその腕の中に抱き抱えたかったのですが、はやる気持ちを抑え、冷静を装って彼女に歩み寄っていきます。

『記憶よりも、ずっと綺麗だ』きっとあの後、相当色々な内面の変化を経験して、成長していったのだろうと察することができるほど、クラーラは実際に以前よりも美しく内面も外面も変貌を遂げたのでした。昔のあの、私腹を肥やすことしか考えていなかった、残虐で暴虐な彼女は、今では見る影もありません。

クラーラもステーションの入り口に一人佇むアアラダールを見て、胸の中で歓喜の渦が巻き起こりました。懐かしいのに、まるで昨日別れたばかりのような既視感があり、これまで本当に離れ離れになっていたのか、自分の記憶を疑うような思いでした。口角が勝手に持ち上がるのを抑え、冷静を装おうとしますが、歓喜のオーラが迸《ほとばし》るのを止めるまでには至りません。

ついに向き合う二人。かち合う視線。しかし、どちらも最初の言葉を発する勇気が出ないようです。おそらく、どちらも分かってしまったのでしょう。もう後戻りはできません。二人の愛は、それほどまでに、強く大きく膨れ上がっていたのです。二人の間にあるグラスに注がれた愛のワインを、二人とも飲みたくて飲みたくて、辛抱堪らないのです。もはや、二人は一つであることに、語り合いも触れ合いも必要ではありません。

そんな雰囲気の中、深呼吸が一つ響き渡り、アアラダールが切り出しました。

「クラーラ……来てくれたんだな」

「ええ……来たわよ。アアラダール……」

視線はブレることなくアアラダールの両目に合わさっています。

「では……中へお入り」

彼女の頭に優しく手で触れ、それを合図に、二人は寄り添いながら宇宙ステーションの中へと歩み始めました。誰も邪魔しない二人だけのスイートルームが行き先です。

その特別室を見て、クラーラはこんな豪華な部屋は生まれて初めてとばかりに、両手を上げてはしゃいでいます。前回は感情を隠していましたが、今回は大っぴらに内心をさらけ出しているのが分かりますね。

「ねえ、アアラダール！　すごいわぁ、私、こんな良い部屋見たことない！　デネブの時の、あの部屋が比べものにならないくらいよ。あなたが用意してくれたんでしょう？　世界には、私の知らない綺麗なものが、たくさんあるのねぇ……」

「そうか、気に入っていただいたようで良かったよ」

アアラダールが慎み深く言い、彼女はその余裕のある大人な態度に、更に感謝を示すしかありません。もうこの惑星をすっかり気に入っているようです。（彼はまだ、とても趣味の良い自身のとっておきの南の島の隠れ家を見せてすらいません。ところが、切り札を見せるまでもなかったようですね）アアラダールはクラーラを抱き寄せ、キスを迫りました。クラーラはそれを受け入れ、しばらくの間、二人は夢中でお互いを求めていました。これまでどれほど我慢してきたのかが、よく分かります。二人から放たれている、あの愛の光を見れば、誰にでも……

ですが、二人とも他に大事な用があってはるばる来たのだということを、すっかり忘れてしまっていたようです。それほど今は、愛の大津波に呑まれてしまっているのだと言えましょう。抵抗する間もなく、何もかも忘れてしまうのです。どちらが悪いという話ではありません。愛の光の中では、どんな陰謀も説得も、全て照らされ、曝《さら》され、消え失せてしまうのです。この世界全てが停止してしまうのですから。「一緒にいられる」ということ以外は、何も取るに足らないことになり果て、やがて、二人は全面的に「一なる生き物」になります。「無時間」の中で、三日間ほどでしょうか、濃密な日々を過ごした二人は、しかしその間に数えられるほどしか言葉を交わしていません。たった数語の、愛の言葉しか。その間二人とも何も食べていません。お気に入りのベガ・ウエハースのことすら忘れてしまっていました。純粋な本物の愛という「食物〈マナ〉」さえあれば、物質的な食べ物は必要ではないのです。二人の境界線はなくなり、一元性の中に溶け込んでいきます。至福だけが、崇高な愛の喜びだけが感じられる世界です。

しかし結局、無時間を去って、銀河時間の領域に帰らなければならない時は、残酷にもやって来ます。二人には、やらなくてはならないことがありました。惜しむようにお互いから離れ、そういえば二人には自我というものがあったのだと思い出し、お互いを見やります。個を思い出してきた途端、自分のお腹が空いていることに気づきました。それから一時間以上も、食事の時間をとっていました。メニューはもちろん、ベガ・ウエハース。それに加えアアラダールが、この日のために取り寄せた各地の美味を振る舞います。お腹を満たしたことだし、ようやく本題に入れそうです。

「クラーラ、ベクター4のX432にある我々の補給倉庫を襲ったのは、きみの仕業なんだろう？　マルドン反乱軍をけしかけたりして。知りたいのは、どうやってあの、聞かん坊のマルドン人がきみの頼みを聞いたのかというところだ」
　アアラダールが話を切り出します。

「……簡単なことよ。そうね、私の天才的な操縦技術と、誰にも負けない美貌の合わせ技で、魅了してやったというところかしらね」
　クラーラはマルドンでの日々を思い出すと、ニコニコとして言いました。
「クイントロンといったかしら。あの男も、見た目に反して中身はずいぶんと軟な男よね」

　そして惑星マルドンで起きたことを、アアラダールに話し始めます。ところどころで、クラーラは面白おかしくエピソードを描写するもので、二人とも涙が出るほど笑いが止まらないようです。

「アハハハ！　クラーラ、きみって本当に面白いよなぁ！　なんていうか、きみらしくないほどにピュアな一面もあって……ギャップっていうのかな。そういうところだろうな。マルドンの気難しい連中の心を解きほぐしたのは。気難しいことで有名なあのクイントロン指揮官の心まで射止めてしまうんだから、まったく、そんな女性がこの世にいるなんてなぁ！　いやでも、しかしだぞ、なぜまた、銀河連合の補給所を制圧しようとしたんだい？」

「……うん、もっと兵器や戦艦が必要だったのよ」

質問に答える時、表情も声の調子も平静になっていました。

「何に必要なのだ……？　最近は、他の惑星を制圧することにも、あまり力を入れていないみたいじゃないか」

「オリオンの魔王軍に、戦いを挑むために」

クラーラは、アアラダールになら本当のことを言ってもいいと思いました。本心では、安心していました。誰か信頼している人に、この秘密の目的を聞いてほしかったのです。

「宇宙共闘戦線（UNA）という、対抗勢力を育てているところなの。オムニに勝って、解放されるためにね」

アアラダールは、今しがた自分が耳にした言葉が信じられないといった様子です。

「……なんだって？　オムニに、戦いを挑む……？」

訝しげに尋ね直します。

「前に会った時には、オムニについていくと言っていたじゃないか。何があったんだい？」

クラーラは説明しました。あの後、ギャラクシトロンに戻ると、シャーモが瀕死の状態で、ダメ押しにオリオン・インプラントを埋め込まれて心身ともに支配されてしまい、彼女の怒りを買ったこと。それをした暗黒卿への復讐を誓ったこと。そして先日のマルドン訪問と勧誘に至ったことを。

滔々《とうとう》と説明を続けます。

「……マルドンで、彼らの回答を待つ間に過ごした一夜は、最悪だったわ。自信が消えてなくなってしまって、自分なんかが宇宙の暗闇の支配者を打ち負かすことなんてできるのかと疑いが止まらなくなって、本気でやめようかと思ったもの。あなたに相談しようとも思ったのよ。でも、マルドン人たちは戦うって決めたの。それで、後に引けなくなったってわけ」

「そうだったのか……　水くさいじゃないか、クラーラ。相談してくれたら良かったのに。そうすれば引き返すのも容易かったはず。きみが必要な時は、私はいつでも、どこへでも駆けつけるよ。クイントロン指揮官とは長い付き合いだ。私からも力を貸せるかもしれない」

「うん……でもね、私にもよく分からないの。自分はどうしたいのか……たまに分からなくなってしまう。ほら、私、変わったでしょう？　自分が何者なのか、それすらもたまに分からなくなってしまうのよ……」

クラーラの声が上ずっていき、涙が出そうになっています。ですが涙を堪え、自分の弱さをアアラダールに見せないようにしています。本当は今でも悩んでいるなんて、彼には知ってほしくありません。

次に、ギャラクシトロンにて、ネプタという治癒師と出会ったことや、夫のシャーモの容態が悪くなって、もう自分のことまで忘れてしまったという出来事を話しました。

「ネプタといえば」

なぜ彼女が、アアラダールと連絡できたのか疑問に思っていたことを思い出しました。

「あなた、ネプタ・エル・ラーを知っているの？　もしかしてあの子、連合軍の密偵？」

「いいや、ネプタ本人とは面識がない。だが、あの知らせは間違いなく、彼女を通してきみに宛てたものだ。我々の送信法は特定の個人に宛てるのではなく、特定の周波数を流すというものなんだ。受信者がその波動に同調すると、メッセージを受け取るという仕組みさ」

説明すると、アアラダールは真剣な面持ちで質問します。

「クラーラ、正直に答えてくれ。最近、暗黒卿の誰かに接触されたかい？」

彼女が答えます。

「いいえ、されていないわ。それに、アイツらにもまだ計画のことは気づかれていないみたいよ」

「そんなはずがない。オムニは常に、自らの領域《テリトリー》の中で起きていることはなんでも把握しているんだ。今は何も介入してこない、ということは、何か企んでいるのかもしれない」

アアラダールは自分の知識を確信している様子です。

クラーラはそれを聞いて、暗黒卿の悪意の大きさに内心ゾッとしていましたが、強がって言いました。

「……ふん、まだ接触してこないというのなら、ご期待通りに準備を万全にさせてもらうわよ」

アアラダールは座ったまま考え事をしています。

『事態はことのほか深刻だ。クラーラに分かってもらうには、どうすればいいだろうか……』

クラーラはすでに、かつての支配欲を失っているようです。強欲な女王というよりは、一人の綺麗でピュアな女性になっていました。彼は、これからもそんなクラーラでいてほしいと願っていました。自立した精神性を保った、一人前の女性として、これからもいてほしかったのです。その純真性こそが彼女の強みであると見たのですから。

『今後、事態がどう展開していくかは関係なく、彼女がこの強みを活かせるかどうかが鍵になるだろう』大局的に物事を考えるようにしているアアラダールにとって、まずはこのことをクラーラに分かってもらうことが先決でした。

「……よし、ちょっと考えてみたんだが、まずは聞いてほしい」

彼が語り始めます。

「事の発端は、我々の保管庫が襲撃されたあの日だ。あの日から、銀河連合も最大限の警戒体制に入った。艦隊も各セクターの要所に配置されている。ところが、この件にオリオンの暗黒卿が裏で糸を引いているのかどうかを、誰も知らないのだ。これは危険な状況で、もしオムニ勢力と出くわすことがあれば、即、全宇宙を巻き込んだ全面戦争に発展することだろう」

説明は続きます。

「暗黒卿は、この全面戦争のために、最大限の戦力を割いてくることが予想できる。おそらく奴らの艦隊も、要所に配置し終えている頃だろう。さらに、きみたち第三の勢力の存在にも気づいている。ところが、銀河連合側には、きみたちの台頭に気づいている者はいない。したがって、現状ではオムニ勢の方が我々銀河連合よりも、戦略的な優位性を獲得しているということになる。このことは、全宇宙の光と闇のバランスが崩れてきていることを表している。なぜまだ、ギャラクシトロンが放っておかれているのか？　それは、オムニにとってそのほうが有利に働くからだ。連合軍にＵＮＡのことは隠したままにしておけることだし」

クラーラが話についてこれているか一瞥して確認したのち、続きを話します。

「そして、マルドン人の存在が極めて厄介なところだ。彼らはこれまで、どの勢力にも加担することはなかったし、自分勝手で強欲な、孤立した存在として認識されてきた。きみは確かに、奴らを誘惑して味方につけた。だが、これも一時的なことだ。自分の手駒になったとは、決して思わない方がいい。奴らは騎士道精神などは、かけらも持ち合わせていない、ただの狂犬だ。油断していると噛み付かれるぞ。なぜ銀河連合から追放されたのか？　考えてみれば分かることだ。奴らに高い次元の話は通じない。顔は笑っていても、腹の中では何を企んでいるか分からんぞ」

「……ふん、じゃあ私は、どうすればいいというのよ」これまでの話に一定の理解を示し、クラーラが尋ねます。

「まずは、このままでいくと、事態がどう発展してゆくかを、ある程度まで予測してから動くことが大事だと思う。まずは現在、互いを受け入れない三つの勢力があること、どの勢力もすでに配置についていて、戦う覚悟ができていること。以上二点を理解しておかねばならない。我々は今、宇宙中を巻き込んだ、多数の被害者を出すであろう、銀河大戦の瀬戸際にいるということだ。悲劇を少しでも軽減するために、何か策を講じなければならない」

アアラダールは言葉を止め、クラーラの手を取りました。

「クラーラ……私は銀河連合の一員である以上、そちら側に付かねばならない。しかし、きみが必要なときは、どこへでも駆けつけるよ。銀河連合の意志に背かない限りは……」

「アアラダール、もしもよ、もしも私がＵＮＡから離反したとしたら……マルドン反乱軍やオムニは何をしてくるかしら。きっとギャラクシトロンは惑星ごと滅ぼされるでしょうね……もしそうなったら、あなたたち銀河連合は、ギャラクシトロンを護ってくれる？」

彼女は、今自分が発した疑問の言葉を信じられないといった様子でした。

『この私が、連合軍に寝返ると、少しでも考えるだなんて！』

ところが、彼女は言い知れぬ安心感を抱いてもいました。捉えきれないほど大きな重荷を床に下ろしたような、解放感です。

アアラダールは『やはりそうなるか』と言いたげな重々しい面持ちです。それも仕方ないでしょう、簡単には答えられない問いでした。

「……そうなれば当然、マルドンからの報復は避けられないだろう。馬鹿にされるのを一番嫌う連中だ。しかも魔王軍を相手に一人で戦わなければならなくなるわけだ。クイントロンは自分が捕らえられた場合、きみの身柄をオムニに渡すことで、釈放されようと取引を持ちかけるだろうな。そういう奴さ。つまり、きみにとって一番安全なところは銀河連合の管理下にある場所の中でも、特別警備の厚いところしかないだろう。ギャラクシトロンについては……残念だがあそこは暗黒卿の領地だから、護ることはできない。蜘蛛族には悪いが、今すぐに宇宙のどこか辺境に飛散するしか、逃げおおせる術はないだろうな」

「ねえ、アアラダール、あなた何か見逃してない？　もしＵＮＡがオムニに勝ったら？　そうしたら、私たちはみんな銀河連合の指揮のもとで、平和に過ごせるようになるんじゃないかしら。だって、宇宙に暗闇の支配者がいなくなるのだもの。この宇宙のどこにも、争いはなくなるはずよ」

クラーラは自分自身を勇気づけるように言いました。

「ＵＮＡは闇の主に勝てない。単純に、力不足だからだ。きみたちは我々の保管庫から物資を奪い取ったが、そんなものは全体の数パーセントに満たない。銀河連合のそれより断然大きな物量を全て戦争につぎ込んだとしても、勝てるかどうか分からない相手なのだぞ？　オムニは！」

「じゃあ私たちに協力してよ！　ＵＮＡと銀河連合が協力すれば、勝てるかもしれないじゃない」

ほとんど懇願するように協力を仰ぎます。

ところが、アアラダールは、その選択肢についてこれまで考えつかなかったようでした。

「……ふむ、協力か。確かに、我々が同盟を結び、総力を結集すれば、あるいは勝てるかもしれないな……　だが、連合軍がその申し出に、なんと返答するか……」

「光の勢力なんでしょ。だったら誰が味方かなんて、いいじゃない。みんな、闇の勢力をこの世界から消し去りたいでしょう？」

「それはそうだ。闇の勢力はいつからか分からなくなるほど太古の昔からの、因縁の相手だ。いまだに勝者の決まっていない、終わりの見えない戦い。だが、これがこの宇宙における、二元性の摂理でもあるのだ、クラーラよ。二元性の摂理である以上、どちらか片方がケリをつけるなんてことは、実現不可能なのだよ。どちらかが勝ったり、負けたりしたように見えても、それは振り子が片方に振り切っただけのことであって、その後は反対側に向かって振り始めるのだ。二元性世界で戦い続けることは、きみ自身の半身と戦い続けるようなものなのだ。右手が左手を、左手が右手をジャンケンで負かすようなものさ。意味がないのだよ。こんな戦いは、全くもって無意味さ」

「後生の頼みよ、アアラダール。なんとかして銀河連合に協力してもらえないかしら？　なんなら、私が直接出向いて頼みこんでやっても良いわ。あなたみたいに名誉とかそういうのは気にしていないから。私のギャラクシトロンだもの、見捨てることはできないわ。綺麗でもない、寂れたつまらない星だけれど、私にとっては、たった一つの故郷なのよ！」

クラーラ一人の願い事を、果たして銀河連合が聞き入れてくれるでしょうか。考えていたら突然、建物の中で不吉な警音が鳴り響きました。

クラーラは鳴り渡る大きなサイレンに驚き飛び上がり、「一体何事？　アアラダール！」と尋ねます。

「最大警戒モード、アルファコード周波数だと？　大変なことになった！」

彼は通信装置の前に陣取って、素早くどこかに連絡を始めました。

「こちら、アアラダール。情報の共有を求む」

アアラダールは手に収まるサイズの装置から、クラーラに向けて周波数を調整して情報を送信します。

「クラーラよ、戦争が始まってしまったようだ。クイントロンが率いるＵＮＡが、オムニの派遣団を襲ったらしい。私はこれより、連合軍本部に戻らねばならない。……クラーラ、私の愛の人よ、きみはこれからどうする？　私と一緒に来ないか？」

「そりゃ、行きたいわよ。知っているくせに……」クラーラが唇を噛み、間を置いて宣言しました。「でも、行けないわ。私の星を見捨てることはできない。戦争が始まってしまったというのなら、私ももう、行かないと。でも、連合軍に助けてほしいの。お願いよ、アアラダール」

「できることはする。ただし、あまり期待しない方がいい。私の助けが必要になったら、ネプタを通して伝言を送ってくれ」

アアラダールは荷物を取ってクラーラに口づけをしたら、建物を出て行ってしまいました。

「愛しているよ、クラーラ！」

そう言い残して。

21　戦争開始

「私もよ！　愛しているわ、アアラダール！」

涙を流して追いかけようとしますが、彼の姿はすでに遠くなっていました。しかし、感傷に浸っている場合ではありません。荷物をまとめながら、極上のスイートルームを名残惜しみ、そして船に乗り込んだら、出発します。

急発進する船中で、頼んでいたベガ・ウエハースが入った箱が山積みになって彼女を待っていたのが目に留まります。どうやら自分が留守の間に、無事届いていたようです。『これだけあれば、当分は虫料理は要らないわね』

出陣への最後の準備が整い、ギャラクシトロンへ最短の帰還コースを突っ走ります。

私室へ戻ったクラーラは、クイントロンの勝手な行動が気に入らず、憤慨していました。『私の許可なく戦いを始めるなんて、なんて勝手な奴なの！』アアラダールの言い分に最初は戸惑いましたが、今ならそう評価したくなる気持ちもよく分かります。

『クイントロン、あの男は信用ならない。アアラダールの評価は正しかった。私って、なんて物知らずで浅はかなの！　確かに魅了するには成功したけど、だからといって、私が支配したという意味にはならないじゃない！』

クイントロンは何者にも属さない。昔のクラーラだったら、自分とよく似た性格だとして、彼の動きを先に読み取ることができていたのかもしれません。

先ほど別れたばかりだったので、今はアアラダールに会いたくてたまらないという気持ちは収まっていました。二人が交わした会話の内容をよくよく思い返してみると、やはり彼は自分に対し、裏表のない真摯な態度をとってくれていたことがしみじみと分かってきます。それに対し、このような大規模な戦争の引き金を作り出してしまった自分自身を恥じる気持ちも強まってきました。しかし、今は悩んでいる暇もありません。とにかくギャラクシトロンに猛スピードで戻らなければなりません。偵察隊ではなく、大将である自分が直接そこへ出向くのは危険なことだったかもしれません。しかしそれでも、故郷を想う気持ちの方が心配よりも何倍も強く、アアラダールと一緒にいたいという気持ちよりも大きかったのです。彼女のこの気持ちを「地元愛」あるいは「名誉」と呼ぶ人もいるのかもしれませんね。

もう、頭の中はぐちゃぐちゃでした。帰還する間も考えが止むことはありません。その間、どれだけ多くの逃げ道を見つけ出そうと努力したことでしょう。この先、何を見ても、何が起きても驚かないですぐに行動できるように、あらゆる未来を想定しておかなければなりません。クラーラがギャラクシトロンに着いた時には、すでにオムニに先回りされて、惑星自体が滅ぼされている可能性だってあるのです。

『銀河連合が味方についてくれさえすれば……勝ち目があるのに。どうしてこう、上手くいかないの！』難しい顔で考え事に耽っているクラーラですが、もしかして、今から銀河連合の誰かをたぶらかして、意のままに動かせる配下にしてしまおうと、あくどい計略を張り巡らしているところなのかもしれません。今はそれをするだけの価値がある際どい状況であるとは、確かに言えます。

そうこうしているうちに、故郷の地ギャラクシトロンが見えてきました。『よかった、まだなんともなさそうだわ』宇宙ステーションからの中継報告を確認しても、今のところ惑星自体は無傷のまま残っているとのことでした。

着陸後、カウトロンが駆け寄ってきて、クラーラに伝言を原文のまま伝えました。伝言の主はクイントロン将官です。

「よう、かわいい子猫ちゃん！
留守だったみてぇだけど、どこ行ってたんだい？
伝えたいことがあったんだが、いねぇんなら、まあいいや。
お前さんにとっちゃ、特別大事なことでもねぇだろうし。
カウトロンを置いていくから、こき使ってやってくれや。
おう、ところでありゃ、旦那さんだったかい？
とりあえず処分しといた。
俺ぁ、夫のいる女を囲う気はねぇからよ？（ハハハ冗談、冗談！）
インプラントが邪魔そうだったからさ。

じゃあな！　すぐにお目にかかろう。

君の愛人クイントロンより
追伸、そういえば戦争始まっちゃったわ」

伝言を黙って聞いていたクラーラがカウトロンをキッと睨みつけ、尋ねました。

「〝処分した〟って、どういうこと？」

カウトロンが平然と答えます。

「殺したという意味です！」

「クイントロンが？　シャーモを殺したというの？」

クラーラは、信じ難い怪奇現象を目の当たりにしたような顔つきで聞き返します。

「はい、自分はそのように言いました！」

何ら感情を示さないカウトロンの大きく柔らかな印象を与える黒い瞳が、クラーラを見つめていました。

「いったい……どうして……これはどういうこと……！　はっ、シャカールは⁉」

「あの脚の不自由な蜘蛛族の老兵のことですか？　あの男なら、あのネバネバした王宮の中に隠れていますよ」

クラーラが動揺していることにもカウトロンはまるで気づかない様です。この分では、クラーラの怒りの理由も、理解ができないでしょうね。

「シャカールに会いに行きます！」

クラーラは足早に城の司令室に向かいました。

「カウトロン……！　あなた、覚えておきなさいよ！」

そう言い残して。

シャカールは意外にすぐ見つかりました。きっとシャーモの私室にいるというクラーラの読みは当たっていました。隅っこでブルブル震えながら、涙を流し、怯えながら彼女を待っていたようです。

「シャカール！　今戻ったわよ。シャーモが始末されたって、どういうこと？　何があったの！」

彼女も涙を流しながら、これから耳にするであろう事実に、恐怖します。

老兵の蜘蛛は体裁を整えようと、なんとか気丈に振る舞おうとします。女王を前にしてこの体たらくは、彼にとってこれ以上ないほどの恥辱でした。心が折れそうになるのを必死に保とうとしています。

「クラーラ様が戻られる前に、クイントロン殿が到着されました。女王様、私はあの男が憎いです！　私だけでなく、全ての蜘蛛族の憎しみを買っています。オムニと同類、あの男は悪魔です！　クラーラ様を訪ねてきたのですが、留守であることを伝えると、我らが王シャーモ様に会いたいとのことでしたので……ええ、シャーモ様はあの後も自我を取り戻す兆しがまるで見られず、インプラントの抑制力が一層のこと強まったように思えます。シャーモ様は、別人のようになってしまいました。お声まで変わってしまわれて……私のこともお忘れに……」

シャカールは詰まった鼻を大きな音でひと吹きしてから、説明を続けました。

「シャーモ様は最後、あらゆる事情をお知りになりたいというご様子でした。クラーラ様はどこにいるかとか、何をなさっておられるとか、なぜこんなに沢山の軍艦を用意しているのかなど、まるで暗黒卿が乗り移って、我々を見張っているような！　ああ、恐ろしい！　クラーラ様、惑星ギャラクシトロンはこの先、どうなってしまうのでしょうか！」

シャカールの両頰は滝のような涙で濡れています。

「……シャカール、気を確かに。やれることをやりましょう。あなたは、私の味方でいてちょうだい。さあ、何が起きたのか全部私に話して」

「はい……シャーモ様はついには、クラーラ様が戻られたら即拘束し、牢屋に軟禁すると言い出されて。そして治癒師ネプタを探し出して、拷問せよと命じられたのです！」

「ネプタを!?　彼女はどこに？　無事なの？」

ネプタにまで何か危害が加わっていたとあれば、落ち着くよう促しているクラーラ本人も気が動転してしまわないか保証はできませんでした。アアラダールとの唯一の連絡手段が、彼女の存在そのものでもあったことですし。

「無事です。王様の目の届かないところに、隠しましたので。しかし、次第に私が隠しているのではと疑われ、次は私が恐ろしい地獄の拷問にかけられる番かと思うと、気が気ではありませんでした……　そうこうしているうちに、クイントロンとカウトロンがやってきて……あ、カウトロンはいい奴なんですよ？　なかなか気のいい奴で。見た目はあんなですけど。ほら、私ってウシ族には馴染みないじゃないですか。だから、少しだけ緊張しちゃいましたけど。というか、最近は緊張しっぱなしですけど……」

シャカールは途中から支離滅裂なことをブツブツと話し始めていました。体の震えも止まらないようです。

「シャカール！　しっかりしなさい」

動揺が自分にも移らないように気をしっかり張って、クラーラが命令します。

「それで、クイントロンの奴は、何をしたの？」

「ああ……はい、クイントロンはですね、まずクラーラ様が不在であることに腹を立てて……〝クラーラはどこで、何をしている！〟と怒鳴り散らすんです。それで私が、本当に何も知らされていないんだと話すと、怒り狂って……　クラーラ様の私室に無断で踏み入り……止めようとした守衛は殺されました」

「はあ？　私の部屋に勝手に？　なんて奴なの！」

無礼なこと甚だしいクイントロンに失望し、この時点で彼への信用はもはや底辺にまで落ち込みました。部屋の中を見られたことについては、念の為に何もやましいものは残していなかったので、そこまで気にしていないようです。

「その後はどうなったの？　シャカール」

「どこにもクラーラ様がいないと分かったクイントロンは、次にシャーモ様に目をつけました。それはもう大変な修羅場でした。すぐに激しい口論になり、お互いの暴言が飛び交う中、爆裂音が聞こえ……　クイントロンが、シャーモ様をレーザー銃でう、撃ち抜きやがったんです……」

シャカールの震えが大きくなり始めましたが、話は続けてくれました。

「王を射殺した後、クイントロンは王宮を牛耳ると宣言しました。自分が王だと誇示するように、命令し始めて。不本意でしたが、我々は従うしか生き残る道はありませんでした。従わなければ、その場で全員射殺すると脅されたのです。その後、〝すぐ帰る〟と言い、カウトロンだけ残して、どこかへ行ってしまいました。変ですよね、カウトロンは恐らく奴の腹心で、組織の二番手です。でも、カウトロンはまだ話せる奴なので、我々の生活も元通りになっていきました。ふふ……〝元通り〟ってなんでしょうね。ここまで壊しておいて、〝新しい生活様式〟に慣れろといきなり押しつけられても……そんなの元通りなんかじゃないでしょうに。私からお話しできるのは以上です。我らが王シャーモ様は死に、今はマルドン人のならず者たちが、この星の支配者です……」

シャカールは次第にぶっきらぼうに言い捨てるように説明するようになっていきました。自暴的になっていたシャカールの頭に、クラーラの手がそっと添えられます。

「もう大丈夫よ。私は帰ってきたのだから。奴らの好きにはさせないわ。心配しないで、シャカール。今はネプタ・エル・ラーを探し出し、私のもとに連れてきてちょうだい。それが最優先よ。ところで、カウトロンとクイントロンは、まだ彼女に会っていないのでしょう？」

「ええ、奴らが到着した時、すでにシャーモ様に見つからないように隠しておきましたので。承知いたしました。すぐに連れてまいります」

女王に敬礼すると、走り去っていきました。クラーラが戻ってきてくれたことに、内心とても安堵しているようです。

クラーラが私室に戻ると、クイントロンに荒らされたままになっていました。服があちこちに散乱して、しかもあの男は、彼女のベッドで居眠りしたような形跡がありました。彼女の中で怒りが燃え上がります。もはや許せる限度を大きく超えていました。

『まずは片付けなきゃ』

これ以上他の者に自分のものに触れてほしくなかったので、一人で後始末をすると決めました。部屋も大きく、物も多いので、終わるまでには小一時間ほどかかりました。

そこへ、ドアを優しく叩く音が聞こえてきました。クラーラはネプタを部屋の中に招き入れます。小さな治癒師との再会をクラーラは素直に喜びました。その目には疑念の欠片もありません。シャカール以外では、この惑星上で最も信頼できる人物がネプタであると、再認識した瞬間でした。

「ネプタ・エル・ラー、また会えて嬉しいわ！　無事で良かった」

手と手を取り合って、クラーラが言いました。

ネプタはクラーラの目の向こう側を見入るようにして、言いました。

「とても有意義な旅をされたご様子。何よりでございます」

彼女の声は、いつ聞いても綺麗な音楽に聞こえます。

「ではネプタよ、時間がないので率直に言うわね。あなたが本当は何者なのか、私はまだ知りません。もしかしたら、これからも知りえないのかもしれません。ですが、私の知らないことを随分と多く知っていると見ています。お願い、私に手を貸してちょうだい。私たちは皆、あなたの助けを必要としているの」

彼女の言う「皆」とは、この戦いに巻き込まれた全ての存在を示しています。

聞き役に徹していたネプタですが、彼女も今後の行方に大きな懸念を抱いていたようです。

クラーラはこれまでの経緯を自分の言葉で説明し、終わるとネプタが返答しました。

「はい、皆様のお手伝いをしたく存じ上げます。宇宙に再び調和をもたらすために。しかしながら、申し上げます。実は現在のこの状況は全て、至高天の目的に沿うよう、計画されていたのでございます。宇宙に調和が戻る時、それは、大変容の完了を表します。その後は何もかもが以前の宇宙とは変わります。状況が混迷を極める現在は、それだけこの先の変容が大きいということを物語っています。ありふれた変化ではなく、全宇宙の二元性の枠組みそれ自体の変容となるのでございます」

ネプタはここで一旦話を区切り、目を閉じて、しばらく思考していました。それは思考というより、瞑想と形容する方が相応しいかもしれません。その様子を見て、クラーラは『こんなやり方もあるのね……』と関心を示しています。

数秒後、目を開けたネプタは話を続けました。

「クラーラ様、ギャラクシトロンのことで、あなた様がまだご存じないことがございます。それは、遠い昔、シャーモ様たちがこの惑星の表面に来る前のことです。そこには、ウィスパーと呼ばれる善良な者たちが住んでいました。ところが、シャーモ様たちはその先住民たちを追い払って、ギャラクシトロンを征服してしまわれました。ところが、ウィスパーたちは今でも生きているのです。数は少なくなりましたが」

クラーラはネプタの話に驚き、尋ねました。

「そんな生き物が……　今も。どこにいるの？」

「どこにでもいます。彼らの体はほとんど透明なので、肉眼では見えませんが、見えるとしたら光の加減で色彩が七色に変化する波のように見えるでしょう。実体を捉えるには、内なる視覚〈ディーパー・サイト〉を使うことです」

「ということは、今ここにいても、普通は見えないのね？」

「私が指を差したとしても、良くて虹色の光が瞬くのを視認できるくらいでしょう。しかし内なる目を鍛えれば、誰でも見えるようになりますし、今回は私から見えやすく調整することもできます。これから必要になる能力でもありますので、お試しください。あっクラーラ様、今、窓の外をご覧になってください。左手上部の空中に、虹のような光がお見えになりますか？」

「あっ本当！　見えるわ！　あれがウィスパー？」

クラーラは今まで気にも留めなかったことが、とても重要なことだったことに気づきました。

「あなたは、あれの全身が見えるの？」

「はい、見えます。とても繊細で、とても美しいですよ！」

ネプタが嬉しそうな顔をするので、クラーラも楽しい気分になってきました。こんな時なのに、思わず笑いがこぼれます。するとそこへ、扉をノックする音が聞こえてきます。シャカールが息を切らして入ってきて、全員を前に報告をしました。

「ク、クイントロン殿がこれより、本星の宇宙ステーションに到着されます！」

部屋中に緊張感が走ります。

「ど、どうしますか？　我々は……」

「いいわ、まずは落ち着いて、シャカール。大丈夫よ、何も心配ないわ。クイントロン将官には、大広間で待つように言い渡しなさい。すぐに向かいます」

威厳ある声でクラーラは返答します。老蜘蛛シャカールはひーこらと息を切らしながら、大慌てで女王のメッセージを伝えにいきます。

「さて、ネプタよ。私はこれより将官との面会のため、身支度を整えなければなりません。あなたもクイントロンに会ってみたいかしら？　もしそうなら、後で司令塔に来なさい。いいわね」

ネプタは答えました。

「はい、参ります」

ギャラクシトロンの女王クラーラと、一なるものより来しネプタ・エル・ラーが同盟を組んだ瞬間でした。ただしクラーラはまだ、自分が巻き込まれた大いなる「天の計画」の壮大さの、鱗片にも気づいていませんでした。

22　クイントロン

クラーラは約束通り、王宮の大広間で静かに座り、ある男の到着を待っていました。そこへ、ブーツが床を打つ音が規則正しく響き渡り、誰かが近づいてくるのを知らせます。黒いレース編みのコンビネゾンに身を包んだクラーラは、女王の身なりというよりは、女戦士を思わせる姿になりました。あの男が大広間に姿を現しました。約束通り待っていたクラーラに目を向けます。

「よう！　かわいい子ちゃん。相変わらずキレーだねぇ！」

大股で歩み寄り、大袈裟な身振りでクラーラにキスをせがみます。

クラーラはそれを高慢に躱《かわ》し、子供が戯れる時のように軽く彼を跳ね除けてから、言います。

「クイントロン、驚いちゃったじゃない。我が惑星ギャラクシトロンに直接来るなんて、どういう風の吹き回し？」

　クイントロンは以前とは微妙に違う、クラーラのお高くとまった態度に違和感を覚えつつ、言いました。

「ああ、えっとな、なんだ。もう戦争始まっちまってよ、それで俺ら……」

　クラーラは彼の言葉を鋭く断ち切って言いました。

「なんで教えてくれなかったの？　私が発起者でしょ」

「だってお前さん、肝心な時にいないからよ！　座って待ってろってか？　お前さんこそ、どこほっつき歩いてたんだ？」

　彼も態度をよそよそしく改めます。

　質問を無視し、クラーラは素早く言い返しました。

「ここに来るって言わなかったのが悪いでしょ！　それに、私の夫を殺すなんて」

「オイオイ、あの蜘蛛男なら、オリオン・インプラントでもう廃人状態だったからよ、俺が楽にしてやったんだ！　感謝してもらいたいね。あんなのはもう戦士じゃねぇ！　質問に答えな。

「一体、どこ行ってた？」

どうしても彼女があの時、どこで何をしていたのか知りたいようです。

「……クイントロン指揮官、私はあなたの出張中に何が起きたかを逐一報告しろなんて命じません。だから、私にも細かいことは訊かないように配慮なさい」

ここは言葉を選ぶべきだったかもしれません。クイントロンはそれを言われ、カチンときてしまったようです。

「いいわ、教えてあげる。兵隊のスカウトをしに、ちょっと留守にしていただけよ。UNAの訓練場の視察にね。極秘の任務だから、誰にも言わなかっただけ」

「ほ～う？　じゃあなんで、双子座メブスタなんかに行っていた？」

彼が嫌味たっぷりに言い返しました。

クラーラは内心驚きましたが、微笑みを浮かべてそれを隠します。

「星天司令官らと秘密の会議に行っていたのよ。彼ら、銀河連合に嫌気がさしたとかで、もしかしたら仲間になってくれるかと思ってね。言っとくけど、名前は出せないわよ。極秘なんだから」

なんとか辻褄合わせができたようで、クイントロンは疑いの視線はそのままで、黙り込みます。彼の腕をとって体に寄りかかり、誘惑の声で話しかけました。

「ねぇクイントロン……もういいでしょう？　一緒に戦略でも練りましょうよ？　ほらぁ、アッチで……」

『クソッこいつ、遊んでやがる！　だが……なんてエロい女だ……抗《あらが》えねぇ！』

気がつけば手が勝手に彼女の体へと伸びて、心は無比の美貌を誇る女性に捕らえられてしまいそうになります。

「あ、あのう……クイントロンさん？」

いつの間にかカウトロンが扉の前に立って、丸い目をして二人を見ていました。ウシと同じ目をしていて、どこか厳粛で神聖な雰囲気を漂わせています。

「クイントロンさん、司令塔から呼ばれてますよ〜。敵艦の接近が確認されました。多分アレ、暗黒卿の軍のかなと」

「チッ……んだよ、いいとこだったのに……」

クイントロンがブツブツと文句を言いながらカウトロンを一瞥し、それからクラーラの方を見て言いました。

「お客さんみたいだぜ、かわい子ちゃん。オムニのお出ましだ」

三人はすぐに司令塔にとんで行きました。本当に来ました、三機のオムニ戦艦が猛スピードでこちらに接近してきます。そこで急遽《きゅうきょ》作戦会議です。クラーラは最初、着陸させて話を聞いてみればいいと提案しましたが、クイントロンは応戦を提案し、勝手にUNA戦艦に命じて動かしてしまいました。六機のUNA戦艦が「待ってました」とばかりに出陣し、ギャラクシトロンを離れていきました。囮作戦だったようで、狙い通り三機のオムニ戦機はそれぞれコースを変え、UNA戦機を追い回します。

管制塔の窓から外の様子を見ていた三人は、突然の大きな爆発音が建物を揺さぶるのを感じました。

「な、なんの爆発!?」

クラーラが叫びます。

「一機やられましたね」

カウトロンが冷淡に言いました。

その後すぐに、二回の爆発音が聞こえました。

「今、もう二機が撃墜されました。どの機体かは分かりませんが」

レーダーの情報が出ました。

「二機はUNA機、一機はオムニ機のようです」

「悪くねぇ結果だ。初陣にしてはな」

クイントロンがニヤケ顔で言います。

「お前ら！　相手が本腰入れてくるまでは耐えろ！　さっきのは小手調べだ」

「さ、さっきのは、オムニ本人が乗ってるんじゃなかったの？　ただの使節？」

振り向いてクラーラが聞き返します。

「そうだ！　だから丁寧な対応なんて不要だぜ」

クイントロンが楽しそうに返事をします。

「へへへ、お嬢ちゃんは戦争は初めてかい？」

「知ってるわよ、それくらい！」

クラーラが挑発にイラッとして言い返します。

「ただ……使節には普通、道を開けるものでしょう？」

「それこそ知らねえよ！　俺らトロン一族が武士の栄誉を守る高潔な者だと、誰か言ったか？　俺らは普通の兵隊とは違うんだ。ただし、戦いなら誰にも負けねえ。それが俺らだ！」

レーダーが再び報告します。

「残りのオムニ二機が離れていきます」

クイントロンが指揮を執ります

「様子見はここまでのようだな。いよいよ本番だ！　この後、奴らは本腰入れてくるぞ。キチンと対策を練らねえと、こっちがお陀仏だ」

その言葉を聞いて、クラーラの中で「終わった……」という声が響きました。

ついに、本当の最終戦争に身を投じてしまったのです。しかも前代未聞の大戦争の黒幕は、自分自身。最大の戦犯であるのに、もう音を上げて、今度は被害者ヅラしている。自分が守ろうとしたギャラクシトロンが、真っ先に滅亡する定めにありました。

彼女は思わず、周囲をキョロキョロと見回しました。それは、見慣れたものを見つけることで、心の平定を取り戻そうとする本能的な行動だったのかもしれません。それに、クイントロンが主導権を握っている現状を打破するための、独自の手段を探そうとしていたのだとも考えられます。すると、視野の端にあの少女が映りました。治癒師ネプタ・エル・ラーです。

クラーラは少女のもとへ駆け寄り、尋ねました。

「ネプタ！　私、どうしたらいいの？」

　戦場に現れたネプタはいつもと変わらず、素敵な音楽のような声で回答します。

「クラーラ様、こうなると、戦争にお身を投じられるべきでしょう。しかし、何があっても理性的であってください。いつでも、物事の中庸を見極めるよう心がけていてください。統合が鍵です。どんな困難な状況であっても、そこにはいつでもたった一つの冴えたやり方が隠れています。それを見つけ出すのが、あなた様のお役目です。この戦争を平和的に終わらせる、ただ一つのやり方。銀河連合はきっとあなた様の味方をしてくれます。そうすれば、オムニとの停戦協定により、戦いを締めくくることができるかもしれません」

「ネプタ……あなたは一緒に来てくれないの？」

「いいえ、クラーラ様。私はウィスパーたちと一緒に、この惑星に残ります。私の代わりに、できるだけ大勢の蜘蛛族をお連れになるのがよろしいかと。宇宙空間にいる方が安全でしょうから……　皆様が去った後、惑星ギャラクシトロンに結界を張り、周囲からは不可視にいたします。それ以降はこの惑星も、私も、見えなくなります。しかし、私が必要になりましたら、いつでも目前に私を視覚化してください。そうすれば、いつでも、どこにいらしても、会うことができます」

クラーラはその言葉を信じ、頷きました。

「それともう一つ」

ネプタが助言の言葉を付け加えました。

「クイントロン様を最後まで信じるのは、おやめくださいませ。彼には裏の目的があります。よって、あなた様方はいつか道を違える定めにあります。目的が一致している間は、マルドン人もあなた様を守るために戦ってくれるでしょうが、その後はくれぐれもお気をつけください。しかし最後の最後、彼はあなた様に対し、偉大な貢献をすることでしょう。あなた様に対する彼の愛は、本物だったのです」

ネプタが小さな体を伸ばし、クラーラを抱き寄せます。

「さあ、最大限にこの戦争を展開させるため、この宇宙における、あなた様のお役目を全うしてください。この戦の周期は、しばらくしたら必ず終わりを迎えます。その時、再びお目にかかりましょう。今はしばし、さようなら」

クラーラは溢れ出る涙を拭い、振り返らずに、管制塔の外へと駆け出しました。

天の高み
天使たちが住むところでは
妹の経験している苦境を見て
悲しみの涙を流す天使がいました

星天の光の下で……

23　光の元老院

その会議は秘密裏に、何日間にもわたり開かれていました。銀河連合上層部は、本来なら自分たちで決定できることを、光の最高議会を呼び出して提言し、解決策を求めるという、異例のアクションを起こしていました。それほどの異常事態が発生しているという意味であり、連合軍は自我だけで物事を推し進めるよりもまず、「天の意志」を聞いてからにしようとしていたのです。

しかし、肝心の元老院は日々熟考してばかりで、これといって発言もせず、したがって話はいつまで経ってもまとまらず、沈黙は連日続き……　次第に連合軍も待ちきれなくなってきました。軍から見ると、今すぐに取り掛からないと手遅れになるまでに、事態は発展していたのです。

三大司令官の一人アアラダールも、痺れを切らしていたうちの一人でした。宇宙戦争の経過から、その向かう先を、こと細やかに分析してきました。この時点で、彼自身がクラーラと接触していること、中心人物のマルドン人とも過去の因縁があることについては、元老院にも周知させていました。ＵＮＡの大将であるクラーラが銀河連合の助けを借りたいと願っていることも、彼自身の公平な視点から伝えていたのでした。非常に難しい問題である以上、会議が黙して進まない理由も分かります。沈黙が保たれたまま、数日間が経過しました。

ある夜、元老院のウリエルラが「明日の朝までに、結論を出します」と宣言しました。

この発言を受け、銀河連合上層部からは、ゆっくりと安堵のため息が漏れました。ようやく待ちに待った答えが、明日になれば聞けます。こうして待っている間にも、会議は継続中です。議会室の扉の向こう側では、果てしなく深い静寂が、数時間ほど続いていました。いいえ、完全な静寂ではなく、そこにはある音が聞こえています。呼吸音です。一定のリズムで繰り返し、吸っては吐いて、統一された呼吸の音が部屋の中に響いていたのです。

＊　＊　＊

そこへ、一つの呼吸音以外の音が聞こえました。

「私はエル・オ・ワ」

見ると一人が静かに佇んでいて、自分のムードラを披露しています。

「銀河連合がオムニと協力してUNAを叩けば、戦争は終結するでしょう」

エルオワはそう言い終えると、着席します。もう一人の、全身から光を放つ者が立ち上がり、ムードラを結んでいます。

「私はミトラ・アーン。連合軍がオムニと結託してUNAの反乱軍を制圧しても、我々は二元性に捕らえられたままでしょう」

「私はアマ・ラー・アンタレス。銀河連合がUNAに協力すれば、今度こそ暗闇の支配者たちを倒すことができるかもしれません。しかし、それではこの次元宇宙における二元性の枠組みの調和を保つという、我々の任務はどうなるのです？」

もう一人が発言の前に美しいムードラを披露します。

「私はソラネル。そう、我々はこれまで二元性世界の先へと続く、進化の道を模索し続けてきました。時は来たのでしょうか。ようやく入り口を見つけ出せたのでしょうか。オリオン評議会は、制服を脱ぎ捨てる覚悟ができたのでしょうか」

＊　＊　＊

またも深い沈黙が数時間の間続きました。ただし、今回の彼らの会議の焦点は、馬蹄型のオリオン評議会へと推移していきました。

オリオン評議会は、オリオン・ベルトの重複域にあります。左手には黒い衣に身を包んだ闇の勢力の代表者が。右手には、それとは対照的に、白い衣に身を包んだ光の勢力の代表者が座っています。

評議会の様子は、いつもとなんら変化はありません。両サイドとも、自分たちの持ち場から離れた様子はありません。自らの立場こそが正義であり、反対する者は皆間違っていると信じて疑おうとしません。つまり、お互いのことを全く切り離された別物と考えています。それが、この宇宙に「二元性の枠組み」ができてからの、二元性世界の掟でしたから。自分こそが正しいと、光と闇がお互いを説得し合う試みは、いつもと変わらず続いているように見えました。

すると突然、オリオン議会にまばゆい光が差し、その場を支配しました。重複域の監督者である聖大天使メタトロンがその姿を現したのです。光の元老院からの訪問者たちに笑顔で一礼すると、次のような言葉を発しました。

「ふむ。其方たちの目には、オリオン評議会はいつもと変わらず映っているのかね。この光景をもっと近く、深くまで見入ってごらんなさい。可視世界を超えて見入るのだ」

メタトロンはそう言うと、姿を消してしまいました。しかし見えている議会の光景は、明度と解像度がそれ以前と比べ、随分増しているように見えました。助言通りに、より深く見入ることで、取り逃していた無数の細部まで意識が捉えられるようになりました。そう、よく見ると、変化は起きていたのです。衣の下に除く顔が、相手の話に聞き入り、頷くようにまでなっていたのです。どちらかが冗談を言うと、相手方で笑い声が起きる一幕もありました。永遠に分かり合えないと思われた両者が今こうして、打ち解けた雰囲気で話し合っているではありませんか。パッと見ただけでは、そこまで目に見えた、万人にとって分かりやすいあからさまな変化ではないですが、確実に変化は起きていたということは分かります。

聖大天使メタトロンの声が、天の声としてその場に殷々《いんいん》とこだまします。

「一同、待ち侘びていた兆候、あるいは変化を導く出来事があるとしたら、それは〝一つになりたい〞という本質的願望そのものではないだろうか。一元性への鍵を、其方たちにお見せしよう」

次に見えたのは、猛烈なマゼンタ色を発しながら、明るく輝く三角形でした。それ以外の全ては、暗闇の中へと消えていきました。三角形は陽炎のようにゆらめきながら、しばらくの間そうして無時間の中を漂っていました。すると、驚くべきことが起きたのです。それは一瞬の出来事でした。三角形が極小にまで縮小したかと思うと、シュンッという音とともに光の元老院の面々の細胞記憶の中へ刻み込まれていったのでした。

＊　＊　＊

場面は再び光の元老院へ。

一人が静寂を破り立ち上がって、ムードラと共に発言します。

「私は炎の守り手ラー・エル・ラー。オリオン評議会の完成は近いです。UNAと呼ばれる第三の勢力の台頭は、〝完成の時〞が近づいていることを示しています。今後、我々には失敗は絶対に許されません」

「私はウリエルラ。これが運命というのなら、あえて何も手を加えずに、ことの成り行きを見守ってみてはいかがでしょう。それが、我々が取るべき最善の策かもしれません」

「私はミカエル・アーン。我々が介入しなければ、UNAはオムニの手によって滅ぼされることが目に見えています。そうなれば、総ては振り出しに戻ってしまい、何も達成できません。我々のこれまでの経験から、そのことはよく分かるはずです」

再び深い静寂が評議会を包みました。そして、それぞれがより深い智の光を求め、「唯一なる存在」へと意識を合わせ、絶対者の心の底を推し量ろうとします……

＊＊＊

ゆっくりと、立ち上がって深呼吸と共にムードラを繰り出した、光り輝く者がおりました。

「私は一なるものより来たりしザラドール。鍵となる言葉は、三極性解決法〈トライアンギュレーション〉です。二元性を超えるには、それ自体を完成させてしまうことです。その為には、二つしかなかった極点に加え、新たに第三の点を創りだし、三角形にすればいいのです。その三角形が未知への扉を開くのです！」

ザラドールが着席すると、会議に眩い閃光が走りました。

「私はアーン・タ・ラー・ソーラー。三極法を採用するならば、銀河連合を第三勢力として、オムニとUNAに対し平等に対抗することが望ましいでしょう。これまでの常識を覆す可能性がある情勢です。やはり、メタトロン様は我々に、二元性を完成させる鍵をお示しになったのでしょう！」

会議室が歓声に包まれた瞬間でした。普段はこのように興奮を抑えずに示すことは控えられる場ですが、この時ばかりは古からの予言が成就しようとしている瞬間に立ち会えたとあって、喜びを抑えようとする者はいませんでした。ようやく二元性の先にある、新たな進化の可能性が見えてきたのです。この時が来るのを、どんなに永い間待ち望んできたことか。議決がされると、すぐに使者が銀河連合へと送られました。待ち侘びた元老院からの決断を聞き入れるべく、連合軍の代表メンバーが召集されました。

ウリエルラが立ち上がり、まずはムードラを厳かに披露し、透き通る声で宣言しました。

「私はウリエルラ。元老院はあなた方から受け取った課題について、深く深く考え、そしてようやく今、我々の出した結論を述べることができるようになりました」

一呼吸置いて、彼女は宣告します。

「全力で銀河戦争に臨みなさい。オムニ側につくことも、UNAにつくこともなく、どちらの勢力にとっても敵勢力として、公平に戦い抜きなさい。それこそが一なるものの至高の目的であり、この次元宇宙全体の進化にとって、重要な決意であると知りなさい」

居合わせた銀河連合の代表者たちは、何が起こったのか把握しきれませんでした。あまりの衝撃に、一同凍りついています。光の勢力が他の二つの勢力と同時に敵対するということは、敵の二人が結託して自分だけを攻撃してくるという意味ではありませんか。仮にそうなれば、自分たちに生き残る道はないでしょう。しかし、「至高の目的」とはまた、尊大な言葉を使うが、一体何のことなのか？　連合軍の誰しもが、疑念を抱いていました。

その困惑の表情から悟ったのか、ウリエルラは言葉を付け足しました。

「至高の目的について、この場で全てを明かすことは叶いません。しかしこれは、この次元宇宙に生きる全存在にとって、極めて重要なことであるとだけお伝えしておきましょう。そして、この戦いにおいて、我々光の勢力が必ず遵守しなければならない条件があります。オムニの首謀者、およびUNAの黒幕を、絶対に傷つけてはなりません。必要に応じ、各自最大限の力をもって、この二人を守り切ってください。この二人が戦闘に及ぶ事態になれば、あなた方は仲裁にのみ徹してください。この二人は、自ら選択した大きな役目を最後まで演じ切ることを使命としています」

連合軍の表情はますます困惑の色を深めます。敵であるオムニとUNAの大将を討ち取ることを禁ずるなど、あまりに不可解な回答でした。自分の命を守り切れるかどうかも、分からない状況だというのに。

ウリエルラは言いました。

「困惑されるのも無理ないことです。しかしながら、あなた方の抱えた個人的な疑問に、全て答えていくことはできないということもご理解ください。どうか、私たちが見た光の未来を信じて。戦いの暁には、素晴らしい完璧な景色が待っています。あなた方一人一人の働きが、その無比なる未来を創り出すのです。戦略については、私たちからは何もお伝えすることはありません。皆様は宇宙で有数の戦士ですから、その必要すらないでしょう。それでも、とても達成不可能なミッションに感じられるかもしれません。しかし、天の計画にこれ以上適合する手段を、我々自身では思いつくことができません。無茶な戦いに思えますが、これこそが宇宙唯一、最善の策なのです。至高天のお恵みは、あなた方に絶え間なく降り注ぐことでしょう」

空前絶後の回答を出した後、会議を終えた後の元老院は、意気揚々と自ら出した結論を褒め称え、もうすぐ終わるであろう彼らのこれまでの任務を思い出しつつ、歓喜と希望に浸っていました。

一方で銀河連合の代表者たちは情緒不安定になり、しばらくの間は茫然自失としていました。それほど大きな心理的衝撃を受けてしまったのです。心に湧き上がる疑念は、元老院から見放され、期待を大きく裏切られたというショックに変わり、待ち受ける死と苦痛への恐怖と、仲間への不信感が募り、やがてそれは元老院への恨みと怒りに、変貌していきました。アアラダールのあの、この世の終わりのような絶望の顔を見てください。自分が今し方聞いた言葉が、未だに信じられないで、現実を受け入れられないといった様子です。彼はどんなに悪い状況であっても、銀河連合のために戦い、命を捧げると誓って生きてきました。それこそが、彼にとっての「天の意志」の姿であったのです。その誓いを今、試されていました。いいえもしかしたら、ここで信念体系の限界を迎えて、立ち止まってしまったのかもしれません。

宇宙全体の運命を左右する銀河戦争が間もなく始まろうとしています。銀河連合の役目は、第三勢力となってこの戦争を戦い抜くことに決まりました。光の元老院が熟考して出したこの結論の要となる概念が、三極性解決法〈トライアンギュレーション〉です。

24　紛争激化

記憶が蘇ってきて、お辛い思いをなさっている読者様もおられることでしょうから、少しばかりお話を先に進めましょうか。ただし、忘れてはいけないのが、皆様一人一人は全員、この恐ろしい戦争に何かしらの形で、関わっていたことです。そこで目にしたこと、そこで汚してしまった手、それらを忘れてしまいたくて、記憶に鍵をかけてしまったのです。この戦争での経験は、地球上で転生し、経験したすべての人生に影響しています。明確には何も思い出せないのは、それほど大きな罪悪感と羞恥心を抱えているということであり、何層もの忘却膜の下に隠してしまっているからです。抑圧され、絶対に外に漏れないようにしてきたその悲劇の記憶の中には、自らの持つ絶大な力を恐れている恐怖心も含まれています。長い、長い転生周期を廻る間、自己否定すること、恐れること、信じること、個性を持つこと、そうした問題を一生懸命に解決しようとし続けてきました。今こそ癒されなければならないことです。

クラーラを主軸としたお話をしてきましたが、これも銀河戦争全体のごく一部の小エピソードに過ぎません。しかし、彼女のお話が皆様の記憶の扉の鍵になっていることや、さらに先の時代で私たちが自由になるためにも、ちょうど良い序章になり得ると思い、こうしてお話しさせていただいております。

さあ、思い出しましょう。あの頃を。そしてご自身と、他の皆を赦してあげましょう。金輪際思い出したくないと蓋をした記憶の欠片を、ここで解き放てることを願って……

＊　＊　＊

戦争は何年も続きました。激化する戦争は、すでに周辺の銀河にまで拡大し、まさに宇宙的潰し合いの様相を呈していました。巻き込まれなかった星系といえば、オムニにも銀河連合にも管理されていないような、辺境の惑星くらいでした。この時点になると、戦争は長らく戦場となっていた一定地域で行き詰まるようになっていました。戦いの大火は数兆に上る命を奪い、何百万という惑星が消し炭になりました。三つの勢力は、それぞれがはじめ小競り合いをしていた頃と比べると、大きくすり減っていました。それに宇宙全体が巻き添えになるという、一大星間戦争《スターウォーズ》へと発展していったのです。あるかどうかも分からない勝者の座を巡って、数えきれないほど多くの太陽系が吹き飛ばされ、声なき声が表面に出ることなく、消えていきました。

燻《くすぶ》り続けた炎は、誰にも気づかれないまま大きく育ち、気づけば手遅れとなり、戦火はいつまでも、いつまでも燃えつづけ……

三大司令官の一人アアラダールは……まだ全力で戦い抜き、なんとか命を繋いでいました。しかし戦意の喪失は計り知れず、まさに風前の灯といった様子です。次に敵艦が視野に入った時には、これまでと同じように抵抗できるかは分かりません。敵味方問わず、目前で多くの命が失われていきました。もうこれ以上は正気を保っていられるか、限界ギリギリのラインを歩いているというところです。自分の腕の中で絶命した盟友もいました。最後の時まで、自分の身を案じてくれて…… 亡骸はその後、爆発で跡形もなく消滅してしまいました。その時の地獄の光景が、友の顔が、頭から離れてくれないのです。しかし、犠牲者が増えれば増えるほど、彼は後戻りができなくなります。折れそうになる膝を堪え、戦士たちを率いる責任ある指導者として、戦いの場へと赴く全ての仲間たちに、正しい背中を見せなければなりません。他の者はそんな、勇者アアラダール像を期待していたのですから。

しかし、彼には自分以外の誰も知らない、秘密の一面がありました。それは、敵大将であるクラーラを女性として愛しているアアラダールという顔です。彼の恋心は、絶対の敵対関係にあっても、決して消えることはありませんでした。一瞬の油断が命を落とすきっかけになるような乱戦の最中も、彼女の姿を視界の端々で探していました。もしかしたら次の戦場で鉢合わせするかもしれないと、どこかで期待している自分がありました。しかし、彼女はどこにもいません。いつも落胆するばかりです。

『戦争はまだ続いているのだし、きっとどこかで生きているはず』

と自分自身に言い聞かせながら、自我を保ってきました。

『もし死んだのなら、もっと誇張されたニュースが出回っているはずだ。それがないということは、彼女は絶対にどこかの戦場にいる』

今のところは、彼女についての噂話といえば専ら、「破壊の女神」と謳われたその戦闘力、巧みな戦術、そして誰にも負けない操縦技術を讃える声であり、ありもしない中傷は聞こえてきません。自らの家とも呼べる銀河連合を破壊し、宇宙中を荒らし回る破壊の権化が、自分の意中の女性であるとは、なんという皮肉な運命の巡り合わせでしょうか。

『この戦い、果たして私は生き残れるのだろうか』

手をついた地面に生えた草のように、決してまとまらない考えを無理矢理に追い払って、進む道を見失わないように、今日も三大司令官は終わりの見えない戦いの場に身を投じるのでした。無意味にも思えるこの戦いのどこが、「至高の目的」であるのでしょう？　光の元老院は最近、ずっと沈黙を決め込んでおり、若干すれ違い気味になっています。

『それでも、元老院は我々光の勢力の中核を担う頭脳なのだ。間違えるはずがない……信じるんだ。大丈夫だ、大丈夫……』

司令室に戻るとすぐに、次の目的地である竜座ベータ星ラスタバンへと舵を切ります。そこは長らく、闇の主たちにとっての主要中継基地の一つとなっていました。そこは「闇の中心」へと続いている、地獄の一丁目であったのです。

＊　＊　＊

さて、本物語の主役、ギャラクシトロンの女王はどうなったでしょうか？

気づけば、彼女は歴戦の強者になっていました。卓越した操縦技術は、敵からも称賛されるほどで、宇宙に名だたる「三大司令官」の一人に、彼女はその名を連ねるまでになっていました。黒い艦影に紫色の洋蘭の紋章。そのシンボルに出くわして、生きて帰った者はいないと言われるほどの、戦場の死神伝説になっていました。ここまでの技術を身につけた謎の女性の正体を巡っては様々な考察や噂話が飛び交いましたが、いずれも憶測の域を出ないままで、事実とは程遠いものでした。「クラーラは例外」と片づけてしまうのが一番手っ取り早い説明と言えるのかもしれません。生まれつき戦闘の天才だっただけで、順序立った軍事訓練などは必要がなかったという、それだけのことです。細胞の隅々に既に埋め込まれていた戦いの才能が、天に決められていた通りに、表出していたというだけです。

しかし、読者様のうち何人かは既に勘付かれていることでしょうが、ネプタ・エル・ラーという大きな存在が側にいてくれたことが、大災厄に沈む彼女の心を大いに慰め、彼女の力の原動力になっていました。必要な時にいつもそこにいて、正確無比な独自のアドバイスをしてくれました。いつしか、クラーラは何の疑問を持つこともなく、ただネプタの助言を信頼し、従うようになっていました。惑星ギャラクシトロンはというと、こちらはまだ無傷のまま存続中でした。ネプタの魔力によって外からは不可視にされていたので、被災を免れたのです。その魔法力はあのオムニの目をくらますほどで、居場所は誰からも特定されませんでした。シャーモ一味はギャラクシトロンから撤退し、惑星上にはウィスパーが音楽や虹色の光から元の姿に戻り、平和な住処を作って、また以前のように暮らし始めました。

生きる伝説となったクラーラですが、本人はどんな気持ちでそれまで戦ってきたのでしょう。

今は特に幸せでも、不幸だとも思っていないようです。いいえ、そんなことを考えている暇はなかったと言う方が正解でしょう。ただ、戦い以外に何もない毎日を通り抜けて、今は達観して、最後の一人として戦場に残り、この宇宙戦争の結末を自分の目で見送るつもりでいました。今では、オムニを憎む気持ちも失せてきて、銀河連合艦隊を撃墜するその手が震えることもなくなり、激情に呑まれてパニックになり、体が言うことを聞かなくなることもなくなり、機械的に目の前の敵をねじ伏せては、どう生き抜くかだけを考えて、操縦桿を握るようになっていました。そうする傍で、彼女は「この戦いを平和的に終わらせる、たった一つの解決法」を探し続けてもいました。

ところが、冷たい殺戮マシーンと化したかのように見えた彼女にも、温かい心が残っていたのです。銀河連合を見ると『もしかして……アアラダールがあの中に？』と期待する心の声は、そう簡単には消えませんでした。しかし、戦争の引き金を引いた張本人である彼女にとって、敵と戦いを余儀なくされたら、相手を殲滅させることしか、選択肢は残されていませんでした。戦争が始まってからそれまでは、アアラダールとは一言も言葉を交わしていませんでした。ネプタには、彼からのメッセージが届いていないか逐一確認してはいましたが、それ以上自分からは何もしませんでした。ネプタは決まって一言、「いいえ、伝言は届いておりません。しかし、アアラダール殿はまだご存命です」と言うのみでした。そんな時、いつも後悔の念に苛まれるのです。『あの人は、それはもう、私を恨んでいるでしょうね……無知の至りで、こんな大虐殺が始まったのだから……』その一方で、彼女はアアラダールから愛されていると信じていました。それは希望的観測というわけでもなく、真実に近い確信でした。
『それでも、アアラダールは今も、私を愛してくれている』
その二つの相反する気持ちが内側でひしめき合い、戦場で彼に会いたいという気持ちと、絶対に会いたくないという、二つの正直な気持ちとなって表れていました。

蜘蛛族の老兵シャカールも、彼女と同じ船に乗って死線を潜ってきました。その老獪でも想像が及ばないほど大規模な宇宙戦争であったことから、実質的には役に立てない場面も多かったのですが、それでも彼女への強い忠誠心もあって、主君の最期を見届けるまでは絶対に戦場を離れないと、決意を表明していました。時たま、脚が勝手に震えたり、突拍子もないことをブツブツと呟いたりすることがありましたが、それがシャカールの感じている不安を表している態度だと心得ているクラーラは、辛抱強く彼を安心させるための激励の言葉を投げかけてあげていました。他の大勢の蜘蛛族も、UNA兵士に志願したのは、クイントロン将官ではなくクラーラの方を慕っていたからでした。

クイントロンについては、そうですね……将校として大勢の兵を率いて、UNAの中でも最大派閥を形作っていました。兵士としては確かにずば抜けて強力で、クラーラの下にはいつも勝ち戦の知らせが届いていました。しかし、よく見ると銀河連合に対する攻撃の方が、オムニ勢力に対抗した回数より圧倒的に多かったようです。他のマルドン出身の兵士たちも、やはり連合軍に対する過去の因縁や私怨もあって、より多く攻撃を加えているようでした。その傾向に気づいた時のクラーラの表情は暗く、指揮しているクイントロンを叱咤しました。

「私たちの目的は、闇の支配者を倒すことでしょう！　銀河連合じゃなくて！」

マルドン人といえば、カウトロンはこの時点でクラーラ派とも呼べる派閥に属することに決めたようです。と言うのもそれ以前の数週間ほど、カウトロンがクラーラの船に乗って、その時にプライベートでも一緒に過ごす機会があったようで、その間に随分と親しくなったようなのです。カウトロンの素朴で朗らかな優しさが、クラーラの強張った心を解きほぐし、大きな癒しの存在になっていたのです。彼は他のトロン族と比べて、少し変わったところがありました。それは、いくらか、相手への思いやりや優しさを見せる場面があるなど、非道になりきれないところがあったことです。ウシの目のような、優しい眼差しを深くまで見入ると、カウトロンが本当は戦いが好きじゃないのだと、クラーラは理解しました。カウトロンがなぜ、味方に気づかれないように傷ついた敵兵を見逃すというマルドン人らしからぬ行為を働いているのか、これで説明がついた気がしました。

カウトロンがクラーラとの友情を育んだ後、自分の船に帰って、今回は共にオムニ勢力の一大拠点である竜座のラスタバンを叩くために、共同で出撃をしたのでした。ワープ空間を超光速で突き進み、奇襲で一気に情勢をひっくり返そうとしていたのです。

25　竜座ラスタバン

前方に高エネルギー反応！
このまま突進します！
全艦全速力！
このままでは
被弾した際の圧力で船が…………
……………………………………

なんの前触れもなく、ラスタバン星系に突如現れ……UNA艦隊が眼前に降り注ぐ流星群のような光のレーザービームを、敵艦隊に向けて撃ち放ちました。自ら投じた兵器から発した爆撃の光で視野が覆われます。直後、ラスタバンに駐留していた敵艦隊から、肉眼では確認できないほど高速の、ネオンレッドの光線が飛んできます。この光線に当たると、どんなものでも蒸発して消えてしまいます。そんな世にも恐ろしい武器を惜しげもなく使い、攻撃してきます。死の赤い光線が前へ後ろへ、自分の方を付け狙って、空一面を覆います。十五分間でUNA戦艦のうち五隻が被弾し、乗員は全て帰らぬ者になりました。乗っていた味方たちが全員、跡形もなく、初めからそこにいなかったかのように、物理宇宙から消え去ってしまったのです。

多くの同志との突然の別れを知り、クラーラは恐怖と悲しみで一瞬たじろぎます。しかし同時に、ここであきらめては彼らの死が無駄になってしまうと悟り、後ろ向きな気持ちを前進する力に変えます。何をやっているのか側から見たら全く分からないほどの、電光石火の手捌きで赤い光線を次々に避け、ラスタバン星系に向け弾幕射撃を繰り出します。するとそこへ、大規模なオムニ戦艦が出没し、緑色のレーザー光線を発射しながら、こちらへ突進してきました。

『……どうやら、こっちの予想が甘かったようね……おそらくこれが、私の最後の戦い……ならば、死力を尽くすのみよ！』

戦闘は何時間も、何日も続きました。どちらの勢力も戦いが長引くにつれ擦り減って、小さく弱くなっていきました。ラスタバンの星々の多くがこの戦いの巻き添えとなり、星座図から永遠に消えてしまったものもあります。今では戦いの爪痕を色濃く残したかつての小惑星や衛星だけが、宇宙塵となって漂う異様な空間に成り果て、残った惑星の表面でも決して消えない火がいつまでも着弾地点で燃え盛っていました。

しかしある時、戦局は一気に変わります。暗黒卿側の戦力に大量の援軍が到着し、UNAは絶望的状況に追い込まれてしまったのです。持ち込まれた大量の最新兵器が、発砲する時を今か今かと、待ち焦がれているようです。

これまで幾度ものピンチを乗り越えてきたクラーラでさえも、これには最後まで見ていた希望の光が潰える瞬間としか思えませんでした。八方塞がりとなった今、彼女は頼みの綱であるネプタに心の中で呼びかけます。『ネプタ、私もう、ここまでみたい……なんとかしてくれない？』

次の瞬間、ネプタが音もなく目の前に現れました。どうやらクラーラ以外の誰にも見えていないようです。

ネプタは状況を説明してくれました。

「こちら側への援軍がもう到着しています。右後方の宙《そら》をご覧ください。銀河連合艦隊です。

指揮しているのは、クラーラ様がよくご存じの、あのお方です」

「アアラダール……彼が？」

信じられないという思いで窓の外を確認すると、確かにそこには銀河連合が真っ直ぐ向かってきていました。希望の光が再び差し込んできます。さっきまで感じていた無気力感は消え失せ、士気と戦意で体の中が充満していきます。


アアラダールは混沌とした戦場の端々からすぐに戦況を見極め、ＵＮＡはオムニたちに壊滅させられる寸前にまで追い込まれていたことを知りました。戦況を見極めるとすぐに各艦に「ＵＮＡ艦に味方せよ！」と指示を出し、一方的になりつつあった二者間の戦いを、イーブンに戻しました。全艦をＵＮＡ艦隊の保護に回すと、アアラダールはようやく探し求めていた人を見つけ出すことに成功しました。


『黒い艦影に紫色の洋蘭の紋章、あれはクラーラだ！　たとえ全てを失っても、彼女を守りきってみせる！』

アアラダールはそう心に決めたのでした。

新たな戦力の登場により、戦争はさらに激しさを増していきました。ラスタバンから飛んでくる死の赤光線を全て避け切ることは連合軍にも難しく、時にはオムニ艦隊さえも誤ったタイミングで弾道に飛び込んでしまい、蒸発してしまうこともありました。

「ラスタバンの戦い」が最後、相討ちとなって、全員戦死となるような悲劇の結末が予想される局面に差し掛かる頃、クラーラはできるだけ連合軍の司令艦の近くに、寄り添うようにしました。間近で見るアアラダール司令官は、その名声に間違いはなかったと分からせてくれました。攻防力共に完璧な、その見事な操縦テクに、あのクラーラまでもが魅了されていました。こんなすごい能力の星天司令官には、滅多に出会うことができません。自分の操縦技術にも自信がついてきたのに、彼の方がもっとずっと上手かった。そう認めざるを得ないほど、明白な力の差を感じました。彼の技術は、才能よりも豊富な経験に裏打ちされたものだったと言えましょう。

しかし、アアラダール自身もクラーラの卓越した戦闘技術を目の当たりにし、彼女の想像図が大きく書き換えられました。『ひょっとすると、自分と同等、経験を積めばあるいは追い越されるかもしれないな』そう本人が評するほどの腕前に、彼女はなっていたのです。経験豊富な彼ですが、今は過去最大の戦闘に臨んでいるところです。彼自身も、いつでも命を失う覚悟で戦っています。しかし、彼は「クラーラを危険から守る」という、ただそれだけを目標としていました。常に彼女の位置に気を配り、必要な時はいつでも救出できるように。

『良かった。敵同士としてクラーラに出会わなくて、本当に良かった……！』

心の底から安堵していたアアラダールでした。

それからまた数週間が経つと、戦いの風向きが変わってきました。オムニ勢力はまだ無傷の兵士が半数以上残っています。ですが、このまま継続していくと劣勢になり、最後は負けてしまうと予想し始めていたのです。このまま全滅は御免だと、オムニ艦の中にはジリ貧になる前に撤退する者がちらほら現れてきました。日によっては、半数以上も敵前逃亡を試みることもありました。

アアラダールがいつものようにクラーラの乗った船を守るために視界に捉えると、窓を通して彼女の姿を見つけることができました。クラーラはちょうどその時、窓の外にアアラダールの姿を探しているところでした。

二人の目と目が合います。再会の時を二人は待ちきれず、お互いに船を接近させます。最早、戦いの行方よりも、再会することが二人にとっての目的になっていました。

そこへ……一隻の戦艦が突進してきます。あれはカウトロン指揮官の船！　アアラダールに向けて全速力で飛び込み、レーザー銃が全開で放たれます！

「ダメ！　やめてー！」クラーラが叫びます。

その瞬間、彼女は何も考えてはいませんでした。躊躇はしていましたが、誰も彼女の本心に気づけないくらいの刹那です。

クラーラはカウトロンの船に光子ビームの標準を定め、引き金を引きました。船は一瞬のうちに蒸発して、目の前から消え去ります。

カウトロンを自分の手でこの世の者ではなくしてからすぐに、一瞬視界に入ったカウトロンの船の紋章を思い出し、目の前の黒い煙がほんの少し前まで、戦友のカウトロンだったことに気づきました。

「ウソ……ウソよ！　わ、私……なんてこと……」

心を交わして分かり合えた真の友人を、この手で撃ってしまった。

押し寄せる後悔の念に、心が耐えられません。なぜ彼は、アアラダールを狙ったのでしょうか？　彼女を守ろうとしたから？　それとも、他のトロン族同様に、心の奥底では銀河連合を毛嫌いして、恨み続けていたのでしょうか？　今となっては、彼女にも、そして他の誰にも分からないことです。

船を180度回転させたクラーラ総司令官は、UNA全軍へ「撤退」のサインを送りました。溢れ出る涙と、激しい体の震えを抑えながら、クラーラはワープ空間へと船を移行させ、ラスタバンからできる限り遠ざかろうとしました。ひとまず追手から逃れると、私室に籠り、泣き明かしました。

心が壊れてしまったかと思うほどに、泣いて、泣いて……

いつまでも涙が止まりませんでした。

26　復讐

クイントロンは知らせを聞いて、激怒しました。

カウトロンがクラーラに射殺されたと知らされた時からずっと、クイントロンは怒りに震えていました。カウトロンは、クイントロンの一番の相棒だったのです。戦場では頼れる戦士として、何度彼に窮地から救われたことか。

「ちくしょう、あの女ぁ！　なぜカウトロンを殺した⁉」

彼の死を直視できず、もう二度と会えないという事実を受け止められず、クイントロンは過去最悪の訃報を復讐の炎に変えました。

「絶対にクラーラを許さん！」

ここまで頭に血が上っていると、もうクラーラが何を言っても聞く耳を持たないでしょう。最早、彼らの仲は不可逆の絶縁状態に陥ってしまっていました。

それ以前、クイントロンは部下を連れて、エリダヌス座で銀河連合軍と頻繁に小競り合いを繰り広げていました。その目的は、連合軍の拠点の一つであるアカマル（エリダヌス座シータ星）をその手に収めることでした。ただ、目論見通りの成功には至っていなかったようです。というのも、そこは連合軍にとっての重要な要塞であり、駐屯軍も相当に手強かったためです。

アカマルの侵攻に手こずっていることで相当カッカしていたところに、突然のカウトロンの死の知らせが飛び込んできて、今は銀河連合のことよりも、クラーラへの憎しみの炎を激《たぎ》らせることに勤《いそ》しんでいるようです。

『あのビッチにトロン族の偉大さを思い知らせてやる！　前々から、この俺様に命令するくせして、近づくと突き放そうとしやがったり、気に入らなかったんだ。俺は、下の奴らに命令するのが好きなんだよ！』

そんなクイントロンにも、自分のしでかした所業を後悔し、良心の呵責に悩まされる時がありました。そんな時は、一番の相棒であるカウトロンとの思い出で、自分を励ましたり奮い立たせていました。カウトロンは彼の心の支えだったのです。

クイントロンはクラーラを、アカマルの近くのレティクル座という星系に誘い出そうと計画しました。

そこで、クラーラ宛てに次のような独特の文体でメッセージが送られました。

よう、かわい子ちゃん！
元気してるかい？
戦争も長びいちまったが
ここいらで一回、二人っきりで立て直しの作戦会議といかねぇかい？
ベクター2のレティクル座ゼータ星ってとこの、
赤と灰色が混ざった色した惑星に来てくれ。
今すぐにな。
超大事な話があるんだ。
もし来なかったら……どうなるか分かってるだろうな？（ハッハ、冗談だよ！）
じゃあな、愛してるぜ！

クイントロンより

追伸
来なくても、俺の方から行くからな

メッセージを送り終えたクイントロンは、即座に次の準備作業に取り掛かろうとしました。口元には薄ら笑いが浮かびます。どうやら彼は、最高のリベンジを考えついたようです。うまくいけば、面倒臭くなったこの戦争を一気に終わらせることができるような、そんな秘策があるようでした。

＊　＊　＊

クイントロンからの伝言を読み終えたクラーラの背筋に、悪寒が走りました。

きっとこれから、良くない出来事が起きる。彼の本当の目的が何であれ、自分の身に危険が降りかかるであろうことは、直感的に理解していたのでした。

『最悪だわ……もう前みたいに誘惑しても、駄目でしょうね』

横で伝言を同時に見ていたシャカールが、いつも以上に体を震わせて言いました。

「はわわわ……　ク、クラーラ様、ぜぜ、絶対に彼奴に、あ、会いに行くべきではありません！　ここは、どこかに身を隠すべきでしょう。どど、どこかの惑星の小さな衛星か、しょ、小惑星にでも隠れて！　やり過ごしましょう！」

動揺を隠す余裕もなく、シャカールは主張します。

「ああのクイントロンという奴は、ほほ、本当の、筋金入りの極悪人ですぞ！　カウトロンはも、もうこの世にはいませんしし……だ、誰もわ、我々を守ってくれるなど、しません！」

余程彼を恐れているのでしょう、恐怖で全身を震わせながら、赤子のように泣き喚いてしまいました。

「可哀想なシャカール……残念だけど相手はあのクイントロンよ。逃げ切れるわけがないの……」

クラーラは力なく答えました。

「それに、逃げようとしたら、かえって奴を怒らせるだけよ。だから、こっちから出向いてやるわ。すぐに、ベクター2のレティクル座に向かってちょうだい」

強気に命令を出します。

「大丈夫よ、シャカール。これまでもうまく二人で、乗り越えてきたじゃない。疲れたから、今から私は少し休憩をとります。ブリッジは任せていいわね？　それじゃあ」

シャカールを励ますために抱き寄せて背中を優しく叩いてあげたクラーラは、そのまま私室へと向かいました。


ところが私室に入って一人きりになった途端、急に不安が押し寄せてきます。ラスタバンの戦いで、カウトロンを誤って殺害してしまったことから、クイントロンとの対決は避けられないことはわかっていました。あの手の男は、自分の親友を殺されたとあれば、地獄の底まで追いかけて復讐を果たそうとしてくるはず。加えて、カウトロンが殺されたのは、彼女が本当に愛する男性を庇ってのことです。しかも悪いことに、彼女が愛した男性は、クイントロンが最も憎む銀河連合側の人間です。絶対に許すわけがない。和解の道は断たれたのです。レティクル座では、絶対に避けられない対決が待ち受けていました。

それにクラーラも、先日のラスタバンでの出来事で受けた心の傷が、全く癒えていないままです。

『あんなに優しくて純朴だったカウトロンが、なんでアアラダールを攻撃しようとしたの？』

ずっと考えていても、答えが見つかりません。考えれば考えるほど、思考の泥沼に嵌って落ち込んでいきます。彼女も、アアラダールも、ただお互いを見つめていたかっただけなのに。

今から会って、キスしようとか、無時間の世界で何日間も過ごそうとか、そんな贅沢は考えてすらいませんでした。ただ、愛する人がそこにいて、その時間ができるだけ長く続いていれば、それだけで幸せだったのに。

『なんでなの……なんでこんな目に？　どうしてこうなるの⁉』


全ての運命が狂い始めたあの日以来、戦いは避け続けてきました。もう、こんな無益な戦争は続けられるような精神状態ではありません。自分の身代わりにＵＮＡ艦隊を戦場に送り、自分は宇宙を彷徨って、銀河から銀河へ渡り歩きながら、敵から逃げ隠れるように移動し続けてきました。これ以上は、自らの手で相手を死に至らしめるような行為はできなくなってしまいました。そうやって、あの日の惨劇を忘れようとしてきたのに、その手に残された感触が離れてくれません。あの日の苦痛が、不眠症になって毎夜彼女を襲い続けていました。

精神状態の不調は肉体上にも表れていました。心が折れてしまったし、自分自身がこんな無意味な戦争を引き起こしてしまったという自責の念に、今にも押し潰されそうになっていました。

『もうダメだわ……私なんか……いなくなってしまいたい。いっそ、このままクイントロンのなすがままにされて、人生を終えちゃおうかしら』

自暴自棄になった今、自分の命すら惜しくありません。

『そうだわ。あの男にカウトロンの仇討ちで殺されれば、この苦痛から逃れられるかもしれない。そうだわ、クイントロンだって……あの男だって、この戦いにもう疲れているのかもしれない。そういえば、長引き過ぎているとか、愚痴をこぼしていたじゃない。そうだわ、きっとそうよ。みんな終わらせたいのよ、この戦争を……』

こんな時にこそネプタに連絡すべきなのでしょうが、ここしばらくの間は忘れてしまっていました。彼女は呼び出されない限りは、出てきてくれないのです。

だから、今ようやく『そういえば！』とハッとして、治癒師ネプタを呼び出してみました。

呼びかけた途端に現れたネプタは、輝く瞳で真っ直ぐにクラーラを見つめます。気づいたのが、会うたびにネプタは綺麗に、そしてより霊性が高くなっているように思えたことでした。惑星ギャラクシトロンで、ウィスパーたちのような高次元の精霊と一緒に過ごしていることも、美しさと関係しているのでしょうか。

「ネプタ、私が今、クイントロンが待つレティクル座に向かっていることは知っているでしょう。ねえ、私はどうしたらいいと思う？　このまま行って、罠にはまるべきなのかしら」

ネプタは答えました。

「行くべきかどうかではないはずですね。あなた様は、すでにそこへ向かうと心にお決めになられています」

「私、どうなっちゃうのかしら？　そこで何が起きるのか、あなたは知っているの？」

「そのご質問に答えることは、私にはできません。しかし女王様、そこで起きることは全て、天の目的をなぞる出来事なのです。何が起きようと、たとえ状況が悪くなる一方に思えても、そのことは忘れないでいてください。今はそれしか申し上げられません」

「もうイヤ……お願いよ、ネプタ。助けて……！」

クラーラが顔を顰《しか》めて懇願します。

「私はあなた様といつも一緒です。あなた様のアアラダール様への愛と同じく、永遠に」

ネプタは抑制のある歌声のような声で、クラーラの感情を宥《なだ》めます。

治癒者ネプタの姿が視界から薄れていき、ずっと留めていたかった安心感も同時になくなっていきました。ネプタはこれから何が起きるのか、ヒントすら与えてくれませんでした。これが現実。レティクル座で今まで以上の悲劇が待ち受けていることは、最早疑いようがありません。もうすぐその現実に、直面しなければなりません。一人きりで。

天の高み
天使たちが住むところでは
妹の経験している苦境を見て
悲しみの涙を流す天使がいました

星天の光の下で……

27 レティクル座

　ゼータ星はレティクル座で一番明るい星です。頭に叩き込んでおいた星図を辿り、クラーラはベクター2に入った途端に、迷うことなく目的の星の位置を割り出しました。「レティクル(網)」という言葉の通り、まるで蜘蛛の巣にかかった獲物を捕食しようというクイントロンの目論見が、あからさまに見えていました。

『ふん……今さら隠す気もないってわけね。いいわ、お手並み拝見といこうじゃない』

　随分と油断しているようですが、ここでの判断力の弱さは、彼女のつもり積った疲労を表していたのかもしれません。もう、どうにでもなれと思っていたのかもしれません。途中でクイントロンの仕掛けた罠で捕らえられようが、十字架にかけられて処刑されようが、毒を盛って暗殺されようが、どの結末でもいい、好きにしなさいという、投げやりな心持ちだったのでしょう。

『悲惨な戦争を起こした張本人だもの、どんな末路になろうと、甘んじて受け入れるわ……』

レティクル座への旅路、クラーラは自分の半生を振り返る時間を得ました。思い出せる範囲で過去を振り返ってみました。結局、シャーモに自分がどこから来たのか、訊けずじまいでした。彼ならば絶対に自分の正体と故郷の謎を知っていたはずなのに……。

その時突然、彼女に素晴らしいアイデアが閃きました。当たり前のことすぎて、今まで気づけなかったことでした。今思えば、どうしてこんな簡単なことが思いつけなかったのか、不思議でなりません。まずはシャカールを呼び出し、クラーラは彼を待つ間、思い詰めた顔でじっと座っていました。


蜘蛛族の老兵がいつものようにヒーヒー息を切らして駆け込んできました。

「お、お呼びでしょうか、女王様」

しかし、すぐにやって来る彼の忠誠心は、本物であると言えます。

「待っていたわ、シャカール。まあ、お掛けなさい。呼び出したのは他でもない、私自身についてのことなのだけれど、もしかしたらこの機会を逃したら、二度と聞き出せないと思って……」

シャカールが何を訊かれるのかと怖がってしまい、震え始めました。

「はは、はい、どうされました？　女王様」

「あなた……蜘蛛族の中でも最高齢の一人でしょう。シャーモのことも、ずっと前から知っているはずよね。そうでしょう？」

震える老蜘蛛を前に、刺激しすぎないように優しい声で尋ねます。

「はい！　シャーモ様とは、魔界の門から地表に出てきた時から、ず、ずっとお供させていただいておりました！　う……うぅ……」シャカールは、彼の名を口にすると涙脆くなってしまうところがありました。

「こんな質問をしたことは、これまで一度もないの。できる限りでいいから、答えてちょうだい。ギャラクシトロンに来る前、私は誰で、どこにいたのか、覚えているかしら……？」

彼女の声からも緊張が伝わってきます。もしシャカールが答えてくれなかったら、他に誰も答えてくれないかもしれないということで、息をするのも控えるほど慎重に尋ねました。

「は、はい、覚えておりますとも。全部、私もそこにおりましたので。あなた様を縛り上げる時にも居合わせておりましたし。む、昔はよくこうして、黒い縄を使ってですな」

「じゃあ、私が本当は何者か、あなたは知っているのね？」

「そ、それは……このシャカールめの口からは、申し上げられませぬ……シャーモ様に固く口止めされておりますゆえ。もし誰かが口を割れば、その場に関わった者全員が、キツ〜い拷問を受ける誓いを立てたのです。わ、私は、我が主君シャーモ様のために……」

シャカールの震えが大きくなってきました。

「シャカール、いいこと。シャーモはもういないのよ。私とあなた以外、みんないなくなってしまった。クイントロンに会ったら、私も亡き者にされるかもしれない。クイントロンのやつ、絶対に何か企んでいるもの。ということは、この女王も、あと数日の命ってこと。だからせめて、死ぬ前に知っておきたいのよ。私が一体、何者なのか。私を安心させてちょうだい」

「し、しかし……！」

「後生よシャカール！　教えて！　教えなさい！」

二人とも会話が進むと共に激情的になってきました。

「分かりました女王様！　言いますよ、言いますとも！　お、お怒りにならないで聞いてください ね……わ、私はただ、王様の命令に従っただけで、そのう……」

「怒らないわ。約束する！　でも、教えてくれなかったら怒るわよ」

彼女の決意は固いようです。

「では……あなた様は、我々が仕掛けた、獲物を捕らえるための網にかかったところを捕獲して、ギャラクシトロンに連れてこられたのです。シャーモ様が……花嫁をお探しになられていたのですが……そのぅ……蜘蛛族の女はお嫌いとのことでしたので……蜘蛛族の女が、夫となる男に何をするか、それはご存じですよね？」

「ええ、知っているわ……　でもねシャカール、私が元々、どこから来た者なのか、まだ聞いていないわ」

焦らされてクラーラもイライラしてきたようです。

「あ、あなた様は天界に住む天使でした！　と、とっくにご存じかと……」

「……え？　わ、私が……？　天使？」

シャカールはものすごい勢いで相槌を打ちました。

「私が天使なわけ……ないでしょう……　翼がないじゃない……」

「さ、最初は翼があったんですが、でも罠にかかった時に取れてしまって……網のベトベトがついてしまって、使い物にならなくなってしまったんですね。残った部分もですね……シャーモ様の結婚相手になっていただくための矯正過程で、剝げ落ちてしまいまして……あ、あのぅ……やっぱり、怒ってます？　ごめんなさい！　もう使えなそうだったので、と、取っちゃったんですよ」

クラーラは驚愕の表情を浮かべ続けています。

「私が本当に天使だって言うの⁉　嘘よ、そんなの。信じられないわよ！　私なんかが！　こんな残酷な、性悪女が！」

「そ、それは我々の施した再構築処理のせいでしょう。翼も失くされましたし……我々のエネルギー領域で生きられるよう、大分あなた様の内部回路を改変させていただきましたので……」

「そういうことだったのね……こんなに、何もかも壊したくなる衝動が来るのは……」

クラーラはここで、色々なことに気づきました。アアラダールと結ばれれば、恐らく破壊されてしまった元々の内部回路が活気付き、修復されていくのでしょう。デネブで初めて彼と会ってから、性格も食べ物の好みも、何もかもが変わっていったことが、その証拠です。

おおよそ、全ての自分の秘密を聞き出して、クラーラは一人にしてほしいとシャカールに言いました。色々と、じっくり考える時間が必要でした。シャカールにはお礼を言って、ドアの外まで送ります。

シャカールが部屋から立ち去り、一人きりになったクラーラは鏡の前に立ちます。映ったその女性は、今までの自分自身とは全く違って見えました。

『しみったれた顔……これが元天使だった存在の顔？』

シャカールが嘘をついていないことは、隠す理由もないことから、明らかでした。ピッタリした紫色の服……およそ天使の衣装とはかけ離れています。

『何も思い出せない……本当なの……？　本当に現実なの？』

蜘蛛族の施した矯正は相当強力なようで、天使だった頃の自分を何も思い出せません。記憶が完全に抹消されているのです。

自分自身の目を鏡で見つめてみます。これまで気にしていませんでしたが、瞳の奥底には隠しきれないほどの心の痛みが表現されています。まるで初めて彼女自身に出会ったかのような、不思議な感覚を覚えました。

『天使だとしたら……なんでこんな目に遭わなくちゃいけないの？　他の天使は何をしているの？　なんで助けに来てくれないの？』

自分の本当の家族からも見捨てられたのかと思うと、急に胸が締め付けられるような絶望を感じました。このような孤独感は初めてでした。見つめたその瞳は同情を映し出していて、見ているると慰めてもらっているような感じがしました。その瞳に見られていると、最後はきっとなんとかなると思えてくるのが不思議でした。なぜ、自分の目を鏡で見ているだけなのに、そう感じるのでしょう？　鏡に映る彼女の全身像は、さっきまでの自分と同じはずなのに。なのに、どうしてその目は、自分を励ましてくれていると思えるのでしょう？　何も変わっていないはずなのに。

『分からない！　もう、何も！』

そこへ、何やら物音が聞こえてきます。船内のエネルギーレベルに変化が生じているようです。二つの真空場の間を移動しているような感覚で、ブゥーンという電子音が船内にこだましています。これはきっと、船がレティクル座ゼータ星の磁界圏内に入った証です。

さあ、身支度を整えなければ。彼女が選んだのは、銅色のセクシーなドレスで、体に巻き付けて着るという変わったタイプの服でした。この服を着る場面は明らかに限られており、それだけ彼女にとってクイントロンとの再会が、例外中の例外的なものであることを、物語っています。

着替えると司令室に戻り、窓の外を見やります。そこは辺り一面灰色に覆われた世界でした。よく見るとそれは、風で空中に舞い上がった塵や灰の色でした。どうやら昔はこの惑星の衛星だったものが、過去の大戦争で破壊され、塵になって地上に降ってきたもののようです。船がもう一度、響き渡るブーンというノイズと共に衝撃で揺れます。着陸の時が近づいてきました。

通り過ぎていく惑星は、濃度は違っても全て灰色をしていました。この灰色の世界で、どうやって目的地を見つけるのでしょう？　この灰色一色の世界のどこかに、クイントロンの言っていた、赤と灰色の混じった惑星があるはずです。彼ほど多くの世界を旅した者はいませんでしたし、間違えるわけがありません。彼のことだから、きっとものすごい穢れたエネルギーの場所をクラーラの死に場所として、用意しているに違いありません。

視界にぎりぎり入るくらいの遥か彼方に、赤い光が瞬いているのをクラーラが発見しました。人工衛星か通信装置の光かもしれませんが、とりあえずそちらの方角に舵を切り、灰色の微粒子からなる雲間を縫って、赤い光に向かって真っ直ぐに進んで行きました。

背後に忍び寄る小型の、灰色の金属船に気づかないまま……

赤い光の発信源は小型の送受信装置でした。そこから周囲を見渡してみると、ありました。クイントロンの言っていた赤い色を帯びた惑星です。おどろおどろしい雰囲気を放っています。

『こんな名もない辺鄙《へんぴ》な星が、私の墓場になるかもしれないなんてね……』彼女はそう思いながら、乗組員の安全のため、一人で行こうとしました。そうすれば万が一でも、船にいる者だけは脱出できると考えたのです。しかし、乗組員の中には、彼女に最後まで付き従おうと名乗り出る者がいました。シャカールも女王と共に死ぬ覚悟でした。

そこへ突然、大きな衝撃音と共に船が大きく揺れ、全員がフロアに投げ出されました。凛として立ち上がったクラーラは、それが船が二つの磁界間から抜け出て、その惑星の重力場に移行したことを知らせる揺れだったことを知りました。

生き残ったギャラクシトロン軍を引き連れ、クラーラはかつての同志クイントロンとの対決に臨みます。

28　蜘蛛の巣

　黒いボディに紫洋蘭のマークがついた戦艦がひらりと、名もなき星の宇宙ステーションに降り立ちました。クラーラはしばらくの間、クイントロンの姿がないか、船内から外を観察していました。予想通り、人がいる気配はありません。念の為、信号を発して誰かが返信をするか確かめてもみたのですが、やはり何も返ってきません。シャカールは今にも襲撃を受けるのではないかと、気が気ではないようです。

「だ、誰もいないようですぞ、クラーラ様。ここここんなところ、早く出ましょう！」シャカールは恥ずかしげもなく、到着即撤退を要求します。

「いいえ、クイントロンが現れるのを待ちます。まだ着いていないだけかもしれないし。もう間もなく来るのかも。それにしても、もうちょっとマシな待ち合わせ場所はなかったのかしらね。悪い冗談みたいだわ、こんな廃墟みたいな星。大方、私たちを驚かせようとでも企んでいるんでしょう」

「では、我々はまんまと罠にはまったということです！　ああ恐ろしい、もう行きましょうよ！」

シャカールはまたガタガタと震えています。

怖がっているのは彼だけではありませんでしたし、シャカールが意味もなく涙声で訴えているのではないことは、百も承知でした。しばらく待っていると、シャカールの言う通り、今すぐにこの場所から立ち去るべきではないかと思えてきました。

「……分かったわ、シャカール。一刻も早く、こんな薄気味悪い星から立ち去りましょ」

船内に幾許《いくばく》かの安心が戻ります。しかし、離陸し始めた途端、妙なことが起こりました。ある程度まで高度を上げると、見えないバリアーのようなもので上昇が遮られ、それ以上進めなくなるのです。

何度か別の場所でも試したのですが、やはり同じ高度で船の上昇が妨げられてしまいます。

クラーラはその見えないエネルギー壁にレーザーや光子ビームを撃ち込みますが、見えない壁はなくならず、まだそこにあるようでした。ワープ空間に飛べばどうかとも思いましたが、この惑星上でそれをやるのは自殺行為に等しいことでした。というのも、ワープ空間へ飛ぶためにはある程度の「助走」が必要であり、ほとんどの惑星上ではその際に岩石などの障害物が多すぎて、実質的に不可能なためです。仮にやってみたとして、突入に必要な推進力を保ちながら衛星の欠片にでも衝突したら、機体が大破した挙句に異次元空間に投げ出されてしまうことでしょう。

「やってくれたわね……クイントロン！」

何度目かのチャレンジにも失敗し、怒り心頭です。今度は壁の境界面スレスレから外側に飛び出せないか試してみましたが、これも上手くいきません。万策尽きたギャラクシトロン戦艦は、その場でぎこちなく着陸するしかありませんでした。

その瞬間、小型で灰色の戦闘機が多数、絶え間なく降る雨のように周囲に降りてきました。奇妙な外見の宇宙人たちが、宇宙ステーションや戦闘機と思わしい機体からワラワラと出てきて、クラーラの船を囲みます。しかも何人かは、手に光子爆弾を持っています。

「今スグ船カラ出ヨ。異星人ドモ」

不気味な連中が、ロボット声で呼びかけてきます。

「今スグ船カラ出ヨ。サモナクバ、爆破スル」

クラーラは大人しく投降することにしました。

「爆破されたらひとたまりもないわ。ここは応じましょう」

色々な罠を想定していましたが、これは予想外でした。もしかして、クイントロンもこの灰色の者たちに捕まったのではないかと考えましたが、彼のものらしき宇宙船も見当たりませんでしたし、それに彼が単独行動するとは考えにくいことです。最低でも、常に一個師団を率いて行動する男ですから。


乗組員には絶対に船外に出ないことと、最後まで船を守るように言いつけました。彼女自身の身に万が一のことがあれば、シャカールたちだけでも脱出できるようにするためです。咽《むせ》び泣くシャカールに最後の別れを告げ、ハッチを開け、クラーラは凜々しくタラップを一歩一歩踏み締めて、降りていきます。ギャラクシトロンの女王としての尊厳を忘れないようにしている彼女ですが、天界に住む天使たちから見れば、下界での出来事も全て単なる幻想として認識されているのかもしれないという考えも、今では抱くようになっていました。

当然のことながら、地面に足をつけると、クラーラはすぐに謎の宇宙人たちに包囲されました。近くで見ると彼らの体は灰色がかった白色の肌を持っていて、しかも微妙に透けています。全員、背が低く痩せていて、中央に立つ彼女はまるで小人に囲まれた巨人です。嫌悪感を抱くのも無理はない、正直言って不快な状況でしたが、クラーラは超然とした態度を崩さずに彼らを見下ろしていました。特に気持ち悪かったのは、彼らの体とは不釣り合いな大きくて長い頭部と、埋め込まれた異様に大きな黒い眼球で、ギョロギョロと見られることでした。視界一面に浮かぶ黒い瞳が、まるで小さな鏡のように彼女の姿を無数に映し出します。どこを見渡しても、自分自身が映った鏡が無数にあり、異様な光景でした。

「オ前タチ、我々ノ星デ何ヲシテイル？　何ガ目的デ、レティクル座ニ来タ？　誰ガ来テイイト言ッタ！」

何かを言うたびに、金属音のエコーがこだまして、彼女の感じていた不快感がさらに逆撫でされていきます。それに、彼らの言語体系は宇宙社会でも原始的な方で、しかも複数人が同時に話しかけてくるので、非常に聞き取りにくいのです。

「……話し役は一人で十分よ。これじゃあ話し合いにならないでしょう」

クラーラはしばらく考えた後、彼らを刺激しないように、気取らずくだけた感じで話しかけてみることにしました。

「ここにはね、UNA指揮官のクイントロンに、待ち合わせ場所として指定されて来たのよ。あなたたちの知り合いなんでしょ？　どこかに隠れているのかしら。教えてくださらない？」

「ソンナ奴ハ知ラナイ！　オ前、嘘ヲツイテイルナ、ココデ捕マエテ、我々ノ奴隷ニシテヤル」

彼らはまるで感情を示さない、昆虫のようです。

会話になっていない上に、このままでは拉致される可能性もあり、危険な状況です。しかし、喋るのは一人だけになっていることから、最低限の意思疎通はできていることが分かり、クラーラは若干安堵しました。

「紳士諸君、落ち着いて。いいですか……確かに彼からそう聞いていたのよ。じゃあ、場所を間違えたのかもしれないいってことね。迷惑かけてしまって、すまなかったわね。さあ、もう行くから、退いてくださらない？」

　クラーラは気遣い声のまま、言い逃れようとします。

「イイヤ、オ前ハ、我々ノ実験動物ニナルノダ」

「我々ハ、誘拐シテ実験スルノガ好キダ」

「オ前ヲ、孕マセテヤロウカ？」

　数人が群衆の中から詰め寄ってきて、彼女のドレスの材質を確かめてきました。

　ここで、クラーラの堪忍袋の緒が、ブチっと切れた音がしました。懐に忍ばせていたレーザー銃をぶっ放して、レティクル星人たちを次々と肉塊に変えていきます！

　しかし、背後からスタンガンで攻撃され、目の前の景色が急転し、真っ暗になり、意識が薄れ……

　彼女は気を失ってしまいます。

奈落〈アビス〉の底からの回帰

暗黒の淵
真夜中に吹き荒れる嵐
希望は露と消え
冥界の法で支配され
私は　絶望に沈んだ

この世で最も暗い穴
暗黒の渦
何よりも黒い　穿孔へと
落ちてゆく
その先に　何があるわけでもなく
ひたすら続く　暗闇のトンネル

そこは混沌が支配する領域

安定や秩序という言葉は存在せず
頼れるもの　縋れるものは
何もない

私は　何度も何度も　死にました
けれど　捨てられないものがありました
かつて大事だったものが
私を　離してくれません
どうして私は
こんなものを創ってしまったのか

自分たちの魂をそのまま映す鏡など
果たして存在するのでしょうか
その鏡を目の当たりにする日は
果たしてやって来るのでしょうか

目の前にある鏡は

もしかしたら
歪んでいるのかもしれませんよ

もしかしたら
私たちを試すために
わざと
自分がどれほど正直か試すために
あえて
自分の目が確かかどうか試すため
意図的に
歪められているのかもしれません

それは試練〈イニシエーション〉

人も物も
自分にとっての全てを失っていく道
絶望の淵に追いやられる道

そこで自分自身が焼かれ　砕かれる道

今もまた
どこかの暗黒の穴〈ブラックホール〉の中
通り抜けてゆく
無間地獄の連続を

過去の自分は粉砕され
また再生し
打たれ　鍛造され
その繰り返し

けれど
まだ残っているものが　ある
出来上がった新しい自分の中に
確実にそれは　在る
数々の試練をくぐり抜け

紡ぎ出した「答え」が

私たちが　そうして作り上げてきたものが
この惑星を　昨日よりも明るくする

過ぎ去った激動の時代を
見開いた目で振り返り
年老いた子供の私たちは
何度でも立ち上がる

それが私たちという　光
何度でも立ち上がる
蘇る
昨日よりも
明るい光を　放ちながら

29　訪問者

オリオン座ベテルギウスにある光の元老院の前に、ある一人の光り輝く天使が舞い降りました。この次元宇宙の二元性に全く穢されていない、純粋無垢の光が放たれています。ただ「美しい」とだけ形容するのでは、明らかに言葉が足りていないと言えるほどの、極上の黄金の光が形を成した、無上の天明光の化身です。彼女が話すと、人智を超えた天上の音楽を聴いているように感じられます。まるで、天界の音楽家たちが優美で洗練された愛の旋律を奏でているように、誰の耳にも心地よいのです。

彼女がこの場に来るというのは、並大抵の決断ではありません。天使が下界へと降りるということは、自らの莫大なエネルギーを限界まで抑えながら、形の制限されたものに転生するということですから、普通ならば絶対に選ばない道です。彼女の場合、それは無限の愛ゆえにおこなったことでした。気の遠くなるほど長い年月の間、彼女は自分の妹が下界で苦しみ抜いて生きるのを見守っていました。星天の光の下で、何度妹のことを憐れみ、悲しみの涙を流したことか。それが遂に耐え難くなる瞬間が来て、こうして降臨を決意したのです。耐えきれなくなった高次元の住人が介入を決めたのです。誰かが手を差し伸べてあげなければならなかったのです。

天使界においても、彼女のこの決断を積極的に支持し、後押ししようとする者は、彼女自身の他に誰もいませんでした。しかし彼女は頑なに、自らが「天の神聖なる介入」の先駆けとなりたいという声明を変えることはありませんでした。そこで、ようやく彼女の出向許可が降りたわけですが、行き先は光の元老院のみという条件が付与されていました。その他の場所に降臨することは、単純に言って危険過ぎるからです。一元性の天使が二元性世界の幻影に捕らえられてしまうことは、絶対に避けなければならない、常に危惧されていた状況でした。その純潔性に少しでも染みがついてしまえば最後、彼女は死と再生の輪に取り入れられてしまい、転生周期から脱出できなくなってしまうことでしょう。それだけ苦労して、ついに降りることが許可された光の元老院を前に、彼女は自分の妹を助けたくて来たのだと自らの願いを切り出します。妹であるクラーラはこれまでずっと、苦しみ過ぎたのです。自分が助けてあげなければならなくなったのです。

「私はルミナラ。あなた方にはクラーラとして知られている私の実の妹、クー・ラー・ラを救い出すため、天使界より参りました」

クラーラという人物がアアラダール司令官と深い付き合いがあるということは、光の元老院は全員知っていました。そのため、天使の願いごとを聞いた元老院は、すぐに使いの者を送り、アアラダールを呼び出すことにしました。

アアラダールが到着するのを待つ間、評議会は全員でクラーラの現在地を探るために精神集中を図りました。すると、レティクル座ゼータ星で、彼女が危機に瀕していることが分かったのです。ルミナラはその惨状をまともに見続けることができず、途中から悲しみの涙を流し、「助けたくても、もう手遅れかもしれない」という思いをその場にいた全員が共有し始めていました。

この世界において、至高の目的は万物に宿り発現することということとは、そこにいた全員が承知していましたが、実の妹クラーラがここまで悲劇的な人生を歩む必要があるのか、天使ルミナラをもってしても、理解が及ばないことでした。今、彼女が経験している苦難が、この先の宇宙全てにどのように働き、そしてどういった糧となるのでしょうか？　その場の誰もが答えを見出せませんでした。これが二元性世界の、物質界の不可解さでもあるのです！

やがて、疲れ切った様子のアアラダール司令官が、元老院にやって来ました。知らせを聞いて、ひどく困惑しながらも、とりあえずは現場から急遽駆けつけたということですが、ルミナラを一眼見た途端、膝は崩れ落ち、そのあまりに純粋で罪も汚れも知らない光明を、畏れ敬いました。

『天使様がお姿を保ったままで下界に現れるなんて、一体何事だ？　それにしても、こんな瞬間に立ち会えるなんて、身に余る光栄、何たる至福だろう！』

アアラダールはルミナラに自己紹介をしましたが、彼のことは前々からよく知っている様子です。クラーラとの恋仲については既に気づいていて、その愛がクラーラを良い方向に導き、大きく変化させていったということも知っていました。

「アアラダール司令官ですね。私は、クラーラの親族で、彼女と同じく天界から来た者でございます。遠い昔、惑星ギャラクシトロンの王シャーモに捕らえられたクラーラは、彼の妻にさせられ、蜘蛛族の女王となったのです」

アアラダールはクラーラの本性を聞いて愕然としました。それを笑顔で見守るルミナラは、続けて言いました。
「あなたには大きく感謝しております。クラーラをこんなにも深く愛してくださり、私からもお礼を言わせてください。彼女が変われたのは、あなた様の存在のおかげです。たとえ私が説得していたとしても、ここまで変えられなかったでしょうから。そのクラーラは今、大きな危機に直面しております。私がここへ降りて来たのは、この先、皆様のお力添えが絶対に必要になるからです」

クラーラが現在レティクル座ゼータ星にいることを伝えました。そして、その正確な居場所については、元老院の一人がアアラダールに伝えました。

その星の名を聞いてすぐに、アアラダールが悲痛な表情を浮かべます。

「なんということだ……よりによってレティクル座とは……奴らが毎回起こす不祥事には、幾度も困らされ、その度に奴らに嫌悪感を抱かされてきた。クイントロンを信用するなと、あれほど言っておいたのに……」

ルミナラに振り返ったアアラダールは、言いました。

「ルミナラ様！　彼女を救出しに行きます！　私が、この世で一番、クラーラを愛していることは、あなた様ならよくご存じでしょう」

ウリエルラがそこに割って入ります。

「アアラダール殿、クラーラはその後、どこか別の場所に移されたようです。したがって、そこへ行っても無駄な働きになるでしょう」

ルミナラは何やら考え込んでいるようです。自分がこれから発する言葉を、いかにして簡易に、そして最適な表現に言語化できるかを考えていたようです。

「……私はこれより、向かわなければならない場所がございます。この宇宙の、闇の中心地です」

「アアラダールさん、私を、オムニのいる場所に連れていってくださいませんか？」

彼女はそうアアラダールに直接尋ねました。

「クラーラを解放できるのは、オムニを除いて、他に誰もいないのです。だから……」

その発言は、室内にいる全員を沈黙させるには十分な威力を持っていました。そこにいた全員が、これまで暗黒卿の根城に直接踏み入った経験は、ありませんでした。それに、この次元世界でしか有り得ない「苦痛」というものを経験したことすらない天使にとっては、危険過ぎる旅です。そのことは、誰の目にも明らかでした。

ウリエルラが当惑して、ルミナラに進言します。

「ルミナラ様、どうか思い留まってください。オムニの下へ直接行かれるなど、危険過ぎます。きっと、どんな場所であるのか、ご存じないのでしょう……」

ルミナラはその説得に応じず、静かに言い返しました。

「いいえ、私は行きます……行かねば」

「左様。私が護衛につきますからご安心を」

アアラダールは勇敢にも、自らの決意を表明しました。

「そんな……危険過ぎます！　アアラダール殿、ルミナラ様はあんな恐ろしい場所のエネルギーには、きっと耐えられません。負のエネルギーが彼女に入ったら最後、彼女を内部から蝕んでいくでしょう。最悪の場合、存在そのものが崩壊してしまうかもしれないのですよ！」

ウリエルラはアアラダールにも、思い留まるように懇願します。

「アアラダールさん、私をオムニのところへ」

ルミナラの素直で真っ直ぐな視線は、彼の魂に直接届くようでした。

「はい、ご出発はいつになされますか？　ルミナラ様」

哀調を帯びた元老院の訴えを何ら聞き入れることなく、アアラダールは毅然としてルミナラに尋ねます。

「準備はできております。今すぐに向かいましょう。宇宙船の準備は？」

「最高の船をご用意できます。さあ、参りましょう！」

差し伸べた彼の手をとって、ルミナラは元老院の会議部屋を後にしました。

室内は沈黙に包まれます。全員が、つい今しがた起こった現実味のない出来事が、未だに信じられず、これで良かったのか、他に何ができたか、これからどうすればいいか、何も分からなくて途方に暮れているようです。

こうしてルミナラは実の妹であるクラーラを助け出すために、天使の世界から二元性の世界に降り立ったのでした。全ては、クラーラを二元性の幻から解き放つために。そして、アアラダールを引き連れて宇宙の闇の中心へと、旅立っていったのでした。

30　覚醒

目を覚ますと、そこは気を失ったはずのレティクル座ゼータ星ではない、どこか別の星でした。スタンガンで気絶させられた後、クラーラは調査目的の手術を施されるため、施設の中に運び込まれていったのです。しばらくすると、何の前触れもなく叫び声が上がるのが聞こえ、レティクル人たちが大挙してアジト内から溢れ出てきました。何かから逃げているようですが……アジト内からは、レーザー銃のピシューンという発砲音が何度も聞こえてきます。何者かが光子ビームを乱射して暴れているようです。それでパニックになって、建物の外へ逃げ出しているのではないでしょうか。

数人の黒ずくめの者たちが、周囲を警戒しつつ研究室へと忍び込んでいきます。そして、実験室でクラーラを発見すると、彼女を建物の外へと担ぎ出していきました。その先には、無印の黒い宇宙船がありました。傍らにはギャラクシトロン軍団の船があり、一緒に全速力でレティクル座から脱出していきます。

そう、クラーラはとうとう、オリオン座の暗黒卿の手に渡ってしまったのです。裏で糸を引いていたのはクイントロンでした。彼の暗躍により、今回の戦争でマルドンのトロン族を見逃すかわりに、クラーラの身柄をオムニに引き渡すという裏取引がされていたのです。こうしてオムニの派遣部隊がレティクル座にやってきて、クラーラの引き渡しが完了したということです。

オリオン戦艦は魔王たちの根城であるリゲル星へと移動していきます。クラーラはその戦艦の中の最深部にある隔離部屋へと移されました。医師たちはそこで、彼女が目を覚ますように処置を施します。

そこへ、オムニの頭首ゼオンが、様子見のために入ってきました。彼女の寝顔を見て、堕天使の美しさに驚嘆します。

純粋な光のエネルギーと闇堕ちのエネルギーが絶妙に混合してできたクラーラのような存在は、本人をおいてこの宇宙には二人といませんでした。実際、ゼオンにとっては初めて目にする存在だったようで、大いに関心を惹きつけられたようです。それまで何年間もずっと彼女を遠くから見てきたというのに、実際にこうして目の前にしてみると、なんとも不思議な唯一無二の存在であり、想像を絶する宇宙的現象であり、非常に興味深い女性だと感じていました。

それに加え、ゼオンは自分自身がこれほど興味を引かれる生物に出会い、心がときめいているることに、自ら驚きを感じていました。今では、もしオムニ三人衆のうち他の二人がクララに手を出したら、絶対に許さないで報復してやると思うまでになっていました。念の為、扉の外には衛兵を置いて、途中で邪魔が入らないようにしていました。

それから間もなく、クラーラが目を覚ましました。医師の一人が、クラーラの意識が戻ったことを密かにゼオンだけに伝え、彼は急いでベッドで横になっている彼女の側に駆けつけました。

ゆっくりと眼を開けた彼女の視界に最初に入ったのは、見たこともないくらいカッコいい、長めの黒髪のイケメンでした。恐らく、この男性のことは誰でも無意識に凝視してしまうでしょう。それほどまでに極度のハンサム顔な男性なのです。

ゼオンが尋ねます。

「気分はどうかな？　素敵なお嬢さん」

クラーラは見知らぬ光景に半分パニックになって聞き返しました。

「誰……!?　ここは……？　そうだ、私、レティクル人にやられて……」

当然のことながら、相当に混乱しているようです。

「もう大丈夫。怖がらなくてもいいんだよ」

ゼオンが優しい声で囁きます。

「私たちが、君を絶体絶命のピンチから助け出したんだ」

「どういうこと……？　あなたは何者なの？　ここは……？」

弱々しい、震える声で尋ねます。

ゼオンは正直にありのままを話した方が、かえって反応を楽しめそうだと思いました。

「ククク……私はゼオン。君の味方さ。君はね、我々オムニに保護されて、今はリゲルの闇の帝国にいるのだよ」

「オムニですって！　お前が！」

　ベッドから跳び起きて彼に襲い掛かろうとしましたが、体がいうことを聞かず、だらりと崩れ落ちてしまいます。全身に力が入りません。スタンガンでやられたダメージから、まだ回復仕切っていないためでしょう。仕方がなく、しばらくの間目を閉じて気を失わないように眩暈《めまい》に耐えるしかありませんでした。まずは一旦冷静になろうと、怒りを抑え込み、キッとゼオンを睨みつけます。

『思っていたよりイイ男じゃない……でも、見た目に騙される私じゃないわよ』

「ククク……調子が戻るまで、しばらく休むといいよ。じゃあ私はこの辺で失礼する」

「そうはいかないわ。説明してちょうだい。なんであなたが、私を保護するというの？」

「簡単なことさ、クラーラ。レティクル座ゼータ星で殺されそうになっている可哀想な娘がいると聞いたので、助け出した。それだけのこと」

　クラーラは彼の態度を見て、どうやら嘘は言っていないようだと感じました。

「……じゃあ、なぜ私の名を？」

「私はね、君にずっと会いたかったんだよ。君の噂は前々から耳にしていて、ずっと遠くから観察してきたんだ。我々に刃向かおうと準備していた頃からね。オムニを倒したいんだろう？」

彼の声はあくまで優しく、どことなく父性を帯びているのが感じられます。まるでイタズラをして親を困らせてくる娘を優しく諭す父親のような態度です。

「……そうよ。私は……あなたたちオムニを……」

その柔和な態度に感化されたのでしょうか、クラーラもしどろもどろになってきます。

「私は敵なのよ。敵を前にして、なんでそんなに優しくするのよ」

「君が好きだからさ。とても興味深い存在だ。オムニを相手に戦争しようなどと考えつき、しかも実行した者など、君以外にはいなかった。余程無知蒙昧な者か、至上の勇者でしか成し得ないことだ。君はその二つを併せ持った、稀有な存在だ。気に入ってしまったのだよ。だがね、この戦争も初めのうちは楽しめたが、徐々に私の気に入らないものになってしまった。真面目過ぎるのは好きではなくてね。君の勢力も、随分と痛手を被ったことだろう？」

ゼオンが冷静に論じます。

「ふん、それで、私は今ではあなたたちの捕虜になったというわけね。私をどうするつもり？」

クラーラは煮るなり焼くなり好きにしろと言いたげな、投げやりな態度で質問します。正直に言って、あのロボットのようなレティクル人たちよりは、闇の支配者の手で葬られた方が、幾らか箔が付くように思えてきました。

「おっと、君は別に、我々の捕虜ではないのだよ。助けたと言っただろう？　それとも、助けてほしくはなかったとでも言うのかね。あと少しで卑劣なアイツらの、モルモットにされるところだったんだぞ？　ククク……」

クラーラは思いました。

『この男のペースになっている……間違いなく人の心を操るのが上手い奴だわ』

「いいえ、助けてくれたことには感謝しているわ。ありがとう、ゼオン。でも、私を黙ってリゲルから出さないつもりでしょう？」

作り笑顔を浮かべながら尋ねます。

「まだしばらくは無理だよ。君だって、休息が必要な身だろう。そんな体では、このオムニに戦いを挑むなんて、どの道不可能だ」

ゼオンもニコニコしながら言い返してきます。

しかし、正論を言われて取っ掛かりを失ってしまったクラーラは、とりあえず話題を変えて、別の角度から攻めてみることにしました。

「私の仲間はどうしたの？」

「君の船も、仲間たちも、みんな無事だよ。我々のもてなしを楽しんでくれているようだ。しかし、あの老蜘蛛の……シャカールと言ったか。彼は随分と落ち込んでいてね……クックック……大変そうだったよ」

シャカールの落ち込みようは、ゼオンの笑いのツボにハマってしまうようです。

「ねえゼオン、シャカールに、私が無事だってことを伝えたいのだけれど……」

おずおずと尋ねます。

「勿論だよ、クラーラ。他でもない、君の願いとあらば」

クラーラはシャカール宛のメッセージをゼオンの従者に託しました。伝達役の者は、守衛を引き連れてすぐに届けに出ていってしまいました。

「さて、他に何かあるかな？　何でも遠慮なく言ってくれたまえよ。例えば……ベガ・ウエハースなら、たっぷり用意してあるぞ。君、好きだったろう？」

満面の笑みを浮かべて言います。ゼオンはこの状況を最大限に楽しんでいるとしか思えません。

「あら……後でも大丈夫。それより、私のことは何でも知っているようね。一体、私を使って何をするつもりなの？　生贄の儀式にでも、使うつもり？」

「クラーラ、もう疲れたろうから、今日のところはもうゆっくりとお休み。今は何も心配しなくていい。後で、様子を見にまた顔を出すよ……」

ゼオンが微笑みながら顔を近づけてきたかと思うと、なんと額に優しくキスをして、そのまま何事もなかったかのように、自然に出て行ってしまいました。

大魔王にキスをされたクラーラは、まさかの急展開にしばし呆然としていました。ところが体の疲れはとれず、眼を閉じた途端にまた深い眠りについてしまいました。

＊　＊　＊

31　二つの十字架

長く気を失っていて疲れ切っていたクラーラは、その後も夜通し、途中で目を覚ますこともなく、眠り続けました。途中、ゼオンは約束していた通りクラーラの寝ていた部屋を訪問しますが、彼女は気づかずに眠っています。

彼はベッド横の椅子に腰掛け、何時間も彼女の寝顔を見つめ、どんな夢を見ているのかと想像を巡らせていました。

『やはり……彼女の存在は私の心を狂わせる……私の中で確実に、何かが変わった。それが何なのかは分からないが、確実に……』

恐らく彼の心境に変化をもたらしたのは、クラーラの堕天使としての正体にありました。彼女は元々天使であったのに、自分の意思に反して物質界に落とし込まれ、具現化した存在です。この、「自分の意思に反して堕ちた」という事実が、彼の心の琴線に触れたのかもしれません。

あるいは、これほど大きな力を持った、謎多き神秘的な女性に今まで出会ったことがなく、戸惑いを隠せなくなっていたのかもしれませんね。いずれにせよ、こうして間近でクラーラを観察できることを、幸せに感じていました。

オムニの他の二人も、クラーラが自軍に捕らえられたという知らせは受け取っていました。やはり、彼らはクラーラを許すことができないし、すぐにでも処刑してしまおうと息巻いていました。しかし、このままでは彼女の命が危ないと考えたゼオンは、彼女の容態を知らせる医療レポートを捏造し、二人に見せました。そこには、クラーラは重体で、意識の回復にはもっと時間が必要だと書いてあり、二人がまんまと騙されてくれたので、ゼオンはもう少しだけ策を弄する時間を得ることができました。ところが、それから数日が経過したにもかかわらず、ゼオンには次の手が浮かんでこなかったのです。これが意味するのは、クラーラという存在はゼオンの手にも余るようになったということです。

オムニ相手に戦争を挑んできたこの勇敢で無謀極まりない女性には、何かしら罰を与えておくのが自然な行動でしょう。同じような謀反を企てる者への、見せしめにもなるからです。しかし、ゼオンの心の中には「光の輪」があり、自らの意思に背いた考えを示して来るのです。他のオムニの二人にはない、ゼオンだけに残っていた最後の良心の光が、「この女性を守らなければならない」と言ってくるのです。いくら考えても、理屈ではその理由は分かりません。とりあえず、子を守ろうとする親の本能のように、彼女を自分の陣地で囲っているうちは、他人の勝手な干渉を一切許さないという親心を持つようになっていたということです。

最近クラーラに現《うつつ》を抜かすようになっていたゼオンは、他の方向にも注意を向けるようにと、ある計画を実行に移すことに決めました。今回、クラーラの身柄をオムニに引き渡す快挙を成し遂げたクイントロンに、「彼の栄誉を讃え、マルドンとの和平協定に調印するために、リゲルを訪ねてきてほしい」という伝言を送りました。

これに対しクイントロンは「よしきた！　今すぐリゲルに向かうぜ！」と二つ返事で了承したのでした。クラーラを十字架にかけた者を、十字架にかけやすくするという悪徳な計略だったのです。

クイントロンが到着するまでの間、ゼオンは毎日クラーラの部屋に足を運んでいました。日に日に良くなっていくクラーラを見て、彼自身も、クラーラの回復に貢献していると思うようになってきました。すっかり良くなった彼女は、自分でベッドから起き上がって、食欲も戻ってきたようで、大好物のベガ・ウエハースを沢山食べるようにまでなっていました。シャカールにも、ベッドシーツの交換を持ってきてくれた際に再会することができました。クラーラはゼオンの気配りに大きな好感を抱くようになりました。

ある日、クラーラは尋ねました。

「ねえ、ゼオン……本当になんで、貴方はそんなに私に良くしてくれるの？　貴方、オムニの統制者なんでしょう？　私以外にも優しく接しているようには思えないし……非道なことをしてきたっていう話なら、何度も聞いてきたわ。シャーモにインプラントを埋め込んだのも、貴方なんでしょう。どういうことなのか、訳が分からないわ！」

ゼオンは暫くの間俯いて、それからクラーラに、それまで誰にも明かしたことのない秘密を打ち明けました。彼の中にある光の輪についてです。

「……じゃあ、天の采配によってオムニのうち必ず一人が、その光の球を授けられているということ？　誰にも知られずに、密かに」

所々で関心を示しながら話を聞いていました。

ゼオンは深く首肯して言います。

「そうなんだ……こう見えて、なかなか骨の折れる思いをしているのだよ」

「……ということは、この宇宙は二元性原理に基づいている以上、光の元老院の中にも、闇の輪を心に隠し持っている人がいるってことにならない？」

素晴らしく頭の切れる女性です、クラーラは。それまで少数の限られた者しか辿り着けなかった奥義に、いとも簡単に辿り着いてしまいました。

「……そう、光の勢力の中にも、闇の輪を抱く者がいるはずだ。今のところ、それは女性であるらしいということは分かっている。というのも、こうしている間にも、彼女の存在を常に感じ取れるんだ。まるでどこかで繋がっているように……私の魂の片割れ〈ツインフレイム〉なのかもしれない」

クラーラは好奇心が抑えられず、先を知りたがって尋ねました。

「それで、光の元老院の誰も、この事実に気づいてないのよね」

「そう、彼女と私以外の誰も、このことを知らない。ただし、オリオン座の重複域〈ゾーン・

オブ・オーバーラップ〉になら、全てを知っている者がいるのだろう。その者が、この宇宙の二元性の枠組み〈テンプレート・オブ・デュアリティ〉の鍵を握っているから」

「そんな人が……なんていう名前なの？」

「メタトロン。ＡＮの全知全能の眼を司る、神の使いだ。重複域全域の監督者でもある。全能の眼は、私とその光の元老院の女性、つまり光と闇の輪を持っている者にも、利用することができる。ただし限度はあるがね。自らの役目から足を踏み外す所業は、できないようになっている。我々の役目は、あくまで二元性の法則に従うものでなければならない。本当のことに気づいていても、二極性を演じ続けなければならないのさ。ただし、我々は肝に銘じておかねばならない。我々は皆、大宇宙演劇の一役者にすぎないのだということを」

ゼオンはクラーラを見つめ直して、言いました。

「クラーラ、このことは絶対に誰にも教えてはいけないよ。君に打ち明けたのにも、何か理由があったのだと思う。私の中で、君にだけは伝えなければならないという衝動があった。だから、君がもし誰かに秘密を教えようとしたら、その時は……分かるね？」

軽く脅迫されていることは理解しましたが、それより彼が自分に正直に話してくれたことに感謝し、同意しました。

「ええ、ゼオン、心配しないで。絶対に誰にも言わないわ。信じて」

そこへ、扉をノックする音が聞こえてきました。ゼオンが扉越しに何やらヒソヒソと話します。

「来客だ。じゃあ、後でまた来るよ。それまでゆっくりお休み、クラーラ」

また額にキスをして、出て行ってしまいました。別れの挨拶はいつもこれです。

＊＊＊

到着したばかりのクイントロン将官を、オムニ三人衆が迎えます。クイントロンは勝ち誇ったような表情で、踏ん反り返って歩いてきました。それもそのはず、彼は長年続いた大戦争に終止符を打った偉人として、未来永劫謳われ続ける人物として運命づけられたのだから。

「よう！　やっと会えたな、オムニさんたちよォ。噂は各所で耳にしてるぜ。君たちも、なかなか有名人だからよォ」

クイントロンは内心『これがあの最凶最悪のオムニ三人衆か……』と、まじまじと目に焼き付けるように観察しています。

『デカイのが二人、それとチビでデブなのが一人……なんかアイツ、キレてねぇか？　今にも怒り爆発しそうな顔してやがる。だが、ああいう危ねぇ奴の扱い方なら、心得ている。苦手なのはあのヒョロ長の奴だ。計算高い上に残酷。背中を見せたら即、グサッとやられそうだぜ……。とまあ、ここまで評価してきたが、実は本当に気をつけねぇといけねぇのは、真ん中のハンサム野郎だ。あいつが実質リーダーだな……表情からは何ら真意が読めねぇ。底の知れない奴だ……』

「君がクイントロン将官かね。会えて嬉しいよ。我が名はゼオン。こちらはトライアックス、それからナルクロンだ」

丁寧でしっかりした威厳ある口調で自己紹介します。

「急に呼び出してしまって、すまないね。道中、いかがだったかな？」

「案内役を寄越してくれたからな。お陰で楽だったぜ。クラーラはちゃんとあの後、捕まえたんだよな？」

クイントロンが上目使いになって質問します。

「そうだ……だがあの女、既に半死状態だったぞ」

ナルクロンが不吉な声で囁くようにして話しました。クイントロンの不手際のせいだと言いたげです。

トライアックスが怒りの声で相槌を打ちます。

「貴様、なぜレティクル座なんかに呼び出した？　お陰で、回復に随分、本来要らなかった手間をかけさせられた」

「……半死状態って？　クラーラは死にそうだってことですかい？」

クイントロンが目を見開いて尋ねます。脳裏に一抹の不安がよぎります。振り返ってみれば、カウトロンが殺されたことのショックがあまりに大きく、逆襲のことばかり考えていて、闇の主たちがクラーラをどんな目に遭わせているのか、考えてもいなかったのでした。

「重体だが、あと数週間のうちに意識が戻るそうだ。お前がレティクル座を指定したせいで、危うく野蛮なレティクル人共の実験台になるところだったんだぞ」

クイントロンの所業を咎めようとする姿勢を崩すつもりは、ナルクロンにはないようです。

トライアックスはそれに便乗して繰り返します。

「そうだ。あの女は生け捕りにして、引き渡せと言っていたはずだ」

「オイオイ、あんたら、クラーラに何をするつもりなんだよ？　まだ生きているんだろうな？」

クイントロンは、なぜ今彼女のことを気にかけているのか、自分でも不思議に思いながら尋ねていました。

トライアックスがニヤリと笑い、両手を擦り合わせながら言います。

「まだ生きているさ……ヒッヒッヒ、そうだなぁ……目が覚めたらまずはお仕置きにじっくりと拷問してやるつもりだ。とっておきの、楽しめる方法でなぁ。終わったらインプラントをつけまくって、奴隷人形にして、戦場に送り返して、ボロ雑巾になるまで利用し尽くしてやるのさ。そのあとは、殺す。他に楽しいことが見つからなければな！　壊れたオモチャに用はない！」

「ケッケッケ……」

ナルクロンはトライアックスの話に相槌を打ちながら、楽しそうに聞いています。

クイントロンは相手のハッタリに惑わされませんでした。視界の端で目を凝らし、ゼオンの表情を冷静に観察します。しかしゼオンの心は固く閉ざされており、心境を読み取ることができません。

『チッ……本当に何を考えているか分からねぇ野郎だ。二人だけになれば、話は別だろうが……』ゼオンの高度な役者ぶりは、比類なきものです。オムニの頭首に選ばれたのも頷ける話です。

クイントロンは話題を変えることで、空気を一変させようと試みました。

「へイ、和平協定ってどんな感じにする？」

これ以上クラーラのことを考えると、罪悪感に押しつぶされそうな気がしたという理由もありました。

「それはまだ何も決めていない」

そう言ったゼオンの声には、静かな力強さが込められていました。

「……やはり気が変わった。お前はクラーラと同じく有罪だ。考えてみれば、お前が彼女に兵器を供給しなければ、戦争は起きなかった」

クイントロンは愕然とします。

「……え？　オイ、ちょっと待てよ！　クラーラを渡せば、俺たちマルドン人を見逃して、自由にしてくれるって、約束しただろう！　忘れたか⁉」

「その褒美ならば、くれてやろう」

ゼオンは落ち着いた声で返答します。

「しかし、お前に関しては我々の捕虜とする。ついでに、お前が連れてきた護衛たちも全員すでに拘留済みだ。お前、それでもあの悪名高きマルドン人か？　これからは不用意に人を信じ過ぎないことだな。お前には失望した。我々オムニが純粋な悪であると、知らなかったのか？」

ゼオンはクイントロンの顔が歪んでいくのが面白くてたまらないらしく、言葉責めをエスカレートさせていきます。

「ハッハッハ！　オイオイ……冗談はそこまでにしてくれよ！　今度は俺を十字架にかけようってのか？　もう一度言うぜ、俺らを自由の身にしな」

クイントロンは憤怒の表情を浮かべています。

トライアックスが丸々とした指をクイントロンに向けると、クイントロンが激痛に悶絶し、その場に倒れ込みます。残酷な笑みを浮かべたトライアックスが言います。

「ヒッヒッヒ！　黙れ、愚か者が！　何様のつもりだぁ？　この虫ケラが！」

「そこまでにしておけ、トライアックス！」

ゼオンが制止します。

床に伏せたまま、クイントロンは流れた冷や汗と苦痛の涙を拭いながら、やっとのことで言いました。

「グハッ……へ……へへへ……っ、強ぇじゃねえか。なんつー技だ、それ……も、もういいだろ……約束した通り、俺らを解放してくれよ……な……？」

「拘束しろ」ゼオンは冷淡に衛兵たちにそう言いつけ、まるで関心もなさそうな顔で、その場から立ち去ってしまいました。

クイントロンは大声で罵倒しながら、衛兵たちに担がれて牢獄に入れられてしまいました。

32 リゲル

三大星天司令官の一人アアラダールは、試練の時を迎えていました。ベテルギウスからリゲルまでの宇宙空間の航宙は、それほど長くはありませんが、極めて困難です。なぜなら、その二点の間には数値での計測が不可能なほどに、決定的なエネルギー的な違いがあるからです。喩えるなら、火から氷の世界へ突入するとでも言いましょうか。波動がまず違い過ぎるのです。

オリオン座の二つの極点。その間では星天波〈スターウェーブ〉の質そのものが違ってきます。したがって、その間を行き来することは激動の時代を渡ることに等しいのです。異なる星天波の間を交互に渡っていくためには、素早く完璧に近いタイミングのフェーザー推進装置の操作が必要となります。光域から出る際にこの操作にミスがあれば、闇域の重力に捕らえられてしまいます。操作に成功すれば、船が目標点を通り過ぎることなく減速し、途中で座礁することなく前へ進んでいけます。

　アアラダールがいよいよ、闇の本拠地リゲルへと突入するために操縦桿を握りしめます。このままの速度を保ったままワープ空間へとギアチェンジするのが正攻法ですが、それでは相手に動きを読まれてしまい、撃墜されてしまうかもしれません。何か奇を衒《てら》うことで、闇の主たちのミスリードを誘う必要がありました。船にはステルス防御フィールドを展開してあります。これなら、闇の元帥府の近くまでは誰にも気づかれないはずです。招かれざる客として敵地に潜入する決断をした以上、敵に気づかれないように細心の注意を払うのが第一条件でした。


　ルミナラは普段通り変わらず瞑想状態にいるようです。体からは柔らかで力強い黄金の光を放っています。それは筆舌に尽くし難い美しさと純粋さでした。

『なんとしても約束は守る！　彼女をオムニに会わせるんだ』


　それにしても、あのクラーラがこの美しい天使の妹だったなんて、未だに信じられない思いでした。自由奔放な性格のクラーラが、ああやって大人しく座って、純粋な光を発しながら瞑想する姿を想像できません。

『そのクラーラが、なぜ闇の力に堕ちたというのだろう？』

　彼には不思議でなりませんでした。

『これも天の采配か……そうだとしたら、私の役目は何なのだろう？』

一瞬、クラーラの死の光景が頭をよぎりますが、すぐに振り払います。

『彼女はまだ生きているはず。多分、あそこにいる』

考えてみれば、レティクル座ゼータ星人の方が、何をしでかすか分かったものではないし、それなら闇の主たちの捕虜になっている方が、いくらか安心できます。

『絶対に助ける。待っていろよ、クラーラ』

静かに心に誓ったアアラダールは、もう以前のように離れ離れになる選択肢をとるつもりはありませんでした。たとえ銀河連合を脱退してでも、今度こそ彼女と一緒に生きていこうと決めたのです。


その時突然、船が大きく揺れました。どうやら境界面に浮かぶ小惑星の破片か何かの間をぬって飛行しているからのようです。アアラダールと乗組員たちは、経験に裏打ちされた電光石火の判断力で瞬時に状況を見極め、見事な操縦ぶりで体勢を立て直しました。

旋回に次ぐ旋回で大きく揺れる船内にあっても、ルミナラは愛情のこもった微笑みで、皆を静かに見つめていました。空間密度が変化するたびに起きるこの揺れも、彼女の平静の水面を波立たせるには至りませんでした。それだけ船内の全員を信頼しているという意味であり、彼らなら必ずや自分をオムニに会わせてくれると確信していたのです。

アアラダール星天司令官も、彼女からの信頼に応えようとします。このような不規則な周波数の流れの中では、船を安定させたまま航海する方が不自然です。本当に、あと少し間違えていたらギアチェンジが上手くいかず、推進力がなくなってしまうところだったという場面を、航海中、何度経験したことでしょうか。乗組員が経験豊富なお陰で微調整が間に合い、このように超スタビライザーを適切に使用できているわけです。集中力を絶やすことなく、全員が黙々とやるべきことをやってくれています。

そうこうしているうちに、ついにワープ空間への突入の瞬間が来ました。船体後部から青い電光が噴き出て、全速力で進んでいきます。すると、粘つく泥沼の中を通り抜けているような感覚が、操縦桿から伝わってきます。しばらくするとそのネバネバから抜けて、異密度間の移動が無事に成功したことを知りました。

アアラダールが視線を通して、乗組員全員に静かな賛辞を送ります。ルミナラもまるで天気の良い日の午前中に皆でピクニックにでも行くかのような、和やかな眼差しで全員を見守っていました。あまりに彼女が動じないものなので、これまで緊張しっぱなしだったアアラダールも可笑しくなって、つい吹き出してしまいました。きっと緊張の糸が切れたのでしょうね。他のみんなもつられて、船内は明るい笑い声で包まれました。どうして笑っているのか、理由はどうでも良かったのです。

これまでのリゲルへの旅は決して楽なものではありませんでした。何度、危険な暗黒の闇の中を潜り抜けてきたことか、数え切れません。ベテルギウスを出発する直前、アアラダールは今回の危険な旅について乗組員たち全員に話した時、さすがに無謀過ぎると思って同行を躊躇した者も少なくありませんでした。しかしながら、司令官を慕う彼らは、後悔しながら過ごすよりも、名誉と忠誠心に殉ずることを選び、手を挙げたのでした。アアラダールにとっては、共に死線をくぐるに相応しい仲間たちが、自ら進んで危険な任務に協力してくれることは幸運なことでした。

突如、暗い空がさらに漆黒の色をした戦艦に塗りつぶされました。現れた戦艦は、V字フォーメーションを組んでこちらへ飛んできます。途端にそこはカラフルなレーザービームが飛び交う戦場と化しました。最新兵器を投入してきたことと、アアラダールがすぐ後ろに別の艦隊が迫ってきていることに気づいたように、敵はここで一気にこちらを叩くつもりのようです。

「ルミナラ！　オリオン艦隊に囲まれてしまった。待ち伏せていたようだな。もう後がない。もうこれしかない！」

アアラダールにはもう、活路を開くために特攻するしか道は残されていませんでした。ですが、突っ込む相手は堅牢な守備を誇り、これでは自殺行為にしか思えません。

「待ってください、アアラダールさん」

ルミナラが静かに話し始めました。

「その手段を取る前に、オムニの頭首に伝えてほしいことがあります。彼の名はゼオン。天使ルミナラが来たので、通してほしいとだけお伝えいただけませんか。リゲルまで辿り着けるなら、監視をつけてもいいともお伝えください。それと、これはエロヒム最長老院の最重要命令である、アルファコード周波数接続令であることもお伝えくだされば、彼も理解するはずです」

彼女は微笑んで、心配顔のアアラダールを励ましました。

「大丈夫ですよ、アアラダールさん。彼なら絶対に通してくれるわ」

そして、どういう訳か、メッセージが送られた途端、実際に敵軍が道を開けてくれたのです。

これまでの完璧なV字フォーメーションが崩れ去り、形作られた道の向こうには、リゲルの星が見えています。前方には敵軍の戦艦が二隻だけ、先導のために配備されていました。アアラダールたちの苦労が報われた瞬間であり、あとは確定したゴールまでの道を歩むのみとなりました。ルミナラはその光景に感動し、笑顔で旅の成功を祝福しました。これまで多くの戦場を見てきたアアラダールも、現実離れしたこのような現象を見たことがありませんでした。そして、もし次に今回のような絶体絶命の窮地に陥ったら、「エロヒム最長老院の令により」と付け加えるのを忘れないようにしようと思いました。

初めて見るリゲル星系は、壮絶で過酷な環境でした。聳《そび》え立つ漆黒の火山の山脈が地平線の向こうまで続き、煙なのか火山灰なのか、赤い霧で輪郭を曖昧にしています。まるで濃い霧の向こうに隠された無限の知力とパワーを表しているかのようです。地表に近づくと、マグマの川が無数に見えてきます。しかし溶岩が水分に触れると発生する濃霧で、その全容を見ることは不可能に近いです。

さらには、この星系に住む者にとってはお馴染みとなっている「リゲルの風」という現象があります。しばらくの間はまるで眠っている巨人の寝息のように静かだった風が、何の前触れもなく強烈な熱波となって地上を襲い、その風が吹いた後には、文字通り何も残らないのです。

しかしリゲルにはそんな厳しい自然環境の中でも、宇宙屈指の科学技術力を誇る研究所が立ち並ぶという、パラドックスのような組み合わせが現実となっている、無二の場所になっていました。

さあ、宇宙港が見えてきました。いよいよリゲルに上陸です。誘導船に続いて、自らの船をリゲルの大地に難なく着陸させていきます。光の勢力の中からは、アアラダールとルミナラだけが実際に船を降りて、その地に足を踏み入れることが許されていました。少数の代表団だけが船を降りるというのは危険なことのように思えますが、実際のところ、船内の全員の安全を考慮した結果決められたルールというだけでなく、速やかに脱出する際のことも考えて、宇宙では常識となっている共通の決まり事でした。この宇宙には数えきれないほど多くの物質や生命様式があり、それだけ共通ルールの必要性は高いのです。

小型で弾丸型をした黒い船体が現れ、二人の前で待機しています。船に乗り込んだアアラダールとルミナラの二人は、そのままリゲルの首都である聖都ラーマターへと旅立ちました。そこは魔王たちの故郷です。

33　聖都ラーマター

古代城塞都市ラーマターは歴戦の勇士アアラダールの探検欲を喪失させるほど不可解な、複雑怪奇で難攻不落の街でした。街の大部分は強風の吹き抜ける、曲がりくねった細道が無数に、そして延々と続いていきます。救いなのはそれらの細道を中央で束ねる直線の大通りがあることです。地上と空中の両方の道路は、猛スピードで走る車両で満たされています。

その区域を通り過ぎると、目に映ったのは更に細く、迷路のように入り組んだ小路でした。沢山ある小道の端々には家屋が立ち並び、黒い衣に身を包んだ民間人と思われる人々が、普段通りの日常を送っています。『あそこは歩行者用の通路か……しかし……』アアラダールはその小区域の構造を目にしているうちに、言葉では言い表せないような不思議な感情を抱くようになっていました。壁に描かれた飾り模様が次々に移り変わっていくのを眺めていると、時間が止まったような、自分の人生の走馬灯を見ているような、幻想的感覚に襲われてきます。

都市の端っこには高くそびえ立つ丘があり、更にその頂上には街を一望できるオムニの本拠地ラーマター宮殿が、堂々たる有り様を見せています。端的に表現するならば、この世で最も邪悪で、優雅で、贅沢で、そして不吉なほどにハイテクな王宮です。二人の客人を迎え入れる闇の王ゼオンの親衛隊が現れ、秘密の会議室へと案内してくれます。

アアラダールは部屋の隅々を見渡しながら、見知らぬ世界観に圧倒されていました。部屋の色調はメタリックな黒色とベルベットの深紫色で統一されており、内側に埋め込まれた銀色の狭間飾りを通して照らす光源が、壁に魔術のシンボルと思しきマークを浮かべています。上物のベルベット生地のソファや椅子が客人用に置かれており、オペラ調の音楽が流れていますが、BGMは部屋の隅にあるコントロールパネルで操作できるようです。アアラダールは部屋の中を歩き回りながら、幾つか不審な点を炙り出していました。

『窓がない密室……それにこの部屋の全てが監視され、制御されているようだぞ』

部屋の一角にある壁が音もなく開き、ゼオンが姿を現しました。隠し扉だったようです。ゼオンとアアラダールの目が合いました。そして、一瞬のうちにお互いの力量を見て測り、敬意に値する存在であると確信し、宇宙統一式の挨拶を交互に交わし、丁寧に自己紹介をしました。

ここでルミナラが瞑想状態から戻り、ゼオンを笑顔で見つめながら言いました。

「ゼオンさんね、こんにちは。やっと会えましたね……」

彼女の手がゼオンの手を優しく包みます。

「改めて、自己紹介をさせていただきます」

彼女は立ち上がり、恭しい態度で自身のムードラを披露してから言いました。

「私はルミナラ。エロヒムの一人です」

ゼオンとアアラダールに座るように促したルミナラは、先ほどまで座っていた椅子に戻りました。

「さて、ゼオンさん。我々がここまで来た理由は他でもなく、私の妹クラーラを取り戻すためです。彼女がどこにいるのか、教えてくださいますか」

静かにゼオンを見つめながら話すルミナラの声からは、大きな威圧感が感じられます。

「クラーラなら、ここラーマター宮殿内にいる」

平坦な口調で返事をしたゼオンは、「クラーラ」と口にした瞬間にアアラダールの両眼から火花が散ったのを見逃していませんでした。

「健康状態も良好だ……もうレティクル座で負った傷も回復している」

アアラダールの方を振り返って、凝視しながら見せびらかすように言いました。

「クラーラはね、私のものになったんだ。私の手厚い加護のもとで、今は楽しく生活している」

そう口にしながら、ゼオンは内心驚愕していました。

『クラーラのことが……好きだというのかこの私が……！　誰にも渡したくないと……!?』

アアラダールが尋ねます。

「クラーラに会わせてくれないか？」

アアラダールは半ば確信していました。ゼオンはきっと、クラーラのことが好きなのだと。そして、簡単には手放しそうにないと。

「それは避けた方がいい選択だな。彼女を困らせたくはない。まだ自由の身にはなっていないと伝えてもいるしね」

そう言うとゼオンは、多くの女性を虜にしてしまいそうな、魅力的な微笑みを浮かべながらルミナラの方を見やります。

「しかし、お姉さんには寝顔くらいなら見せてあげてもいい。その方が安心するだろう？」

「いいえ、その必要はございません」

ルミナラは持ちかけられた取引に応じず、平然とそう答え、他の二人を驚かせました。

「物理的に対面する必要はないということです。それから、取り戻すと言っても、力ずくでとは申し上げておりません。ですから、そんなに心配なさらなくてもよろしいのよ」

ルミナラはゼオンを安心させたかったのかもしれませんが、この発言にゼオンはカチンときてしまったのでした。

「ほう、ではどうするつもりなのかな？　彼女を取り戻しに来たのだろう？」

「少しばかり、あなたと二人きりになれるかしら？　ゼオン」

表情を変えずに彼女は至って冷静に話します。その様子に、ゼオンは表情こそ変えませんが、内心動揺しているようです。

「誰も行ったことがないところへ、あなたを連れていきます。オムニという縛りがない世界、全ての源へと。そこにある世界の秘密を見ていただきたいのです。私にとって、そこへと続く扉は、あなた自身なのです。光の輪。もう、私が何を言っているのか、お分かりですよね？」

ルミナラはニコッとゼオンに微笑みました。

ゼオンは沈黙しています。完全に予想外の要求で、次の手が思い浮かびません。

『どういうことだこれは！　どうする？』

どこかで既に分かっていたことです。彼女の願いを断れないということは。たとえその先に何が待ち受けていようと、彼は行くしかありませんでした。いくら探しても、自分と同じ存在には出会えなかったことだし、つまりは模範解答なんて見つからないだろうし、試すだけなら最悪の事態にはならないはずとも理解していました。

ルミナラの視線はゼオンの両眼に集中していました。そこからは無条件の愛が溢れていました。既に彼の中にある白い球に狙いを定めているのが分かるほどに、全てを見透かされている感じがしました。今更、抵抗できそうもありません。

「分かった……君の言う通りにしよう」

やっとのことで言葉が出てきました。彼女の目から視線を逸らすことには、随分苦労しました。その目で見つめられると、真実の愛を感じられるような気がして、何とも心地よくて堪らなかったのです。

その間、すっかりアアラダールの存在を忘れてしまっていたゼオンはハッとして、傍にいる星天司令官に話しかけました。

「失礼、アアラダール君。部屋を用意するから、そこで待っていてくれるかい。クラーラのことで勝手なことをしなければ、悪いようにはしないから」

ゼオンは制御パネルから囁き声で部下たちに何やら手配をさせています。すぐに三人の警備員が、アアラダールを別室へと案内しにやってきました。

アアラダールがルミナラを一瞥すると、彼の不安に応えるように笑顔で返答しました。

「大丈夫ですよ。私に任せてください。待っている間、心の愛を通して、クラーラに話しかけてみてください。きっと応えてくれるでしょうから。もしこれから私と再会できなくとも、どうか心配しないで。本当は、私はどうなったとしても無事だし、ずっと守られ続けています。この世の全ては天の理で動いています。だから、小さなことで怯まないで、信じた道を走り続けてくださいね」

彼女は立ち上がり、アアラダールを抱きしめました。彼女の黄金の光が心身に染み込んでいくのを感じます。

「こんなに頑張ってくれて、私は絶対に忘れない……ありがとう」

感極まって涙が溢れ出てきます。アアラダールは今まで出会った中で最上級の神格である天使ルミナラに深々と敬礼し、二人を残して会議室を後にしました。

ゼオンとルミナラは向かい合いながら距離を縮めてゆき、更に、更にもっと深くまでお互いを見つめ、お互いにとっての根底の、本質核の部分にまで入っていきました。天使は前人未到の領域に向かっていきます。ゼオンもそれを承知の上で、自らを曝け出します。

ゼオンの心の奥底に隠されてきた光の輪の前に立ったルミナラは、それを全身全霊で受け止めて、一体化しました。そして、扉は開かれたのでした。

＊　＊　＊

34　闇の元帥院

未明、夜明け前の最も暗い時間、闇の元帥院のメンバー全員が緊急召集の呼びかけに応えて、一堂に会しました。オムニの客人および捕虜たちが収監されていた部屋から出され、参考人として喚問のために個別に呼び出されます。その中にはクラーラの姿もありました。もうゼオンの捕虜ではなくなったという意味です。絶対無敵を誇ったゼオンの独裁が、なくなったということも示されています。

事実無根の噂が飛び交い、混乱する世の中で、急遽招集された元帥院ですが、やはり全員が困惑顔です。そして次はクラーラが審問される番になりました。何を聞かれるのか想像もつかないまま、案内されたのは長方形の会議室の中央に置かれた椅子でした。しばらく座って待っていると、クイントロンが入ってきました。相変わらずの自信家ぶりで、カウボーイブーツを高圧的に鳴らしながら、屋内なのにサングラスをつけています。おそらく、死刑宣告の取り消しに喜んでいるのでしょう。一方、クラーラはまさかリゲルの地で彼に再会することになるなんて思いもよらなかったということで、不安げな表情を浮かべます。

「クイントロン、なんでこんなところにいるのよ……？」

静まりかえった部屋の中、彼が目の前を通った瞬間にクラーラは小声で囁きかけました。

「よォ、かわい子ちゃん……また会えて光栄だぜ」

そう言ったクイントロンは、クラーラに無事また会えて、言葉の通りに本当に安心したようでした。あの後も彼女のことを随分と心配していたのでしょう。久しぶりに会ったクラーラは、以前にも増して魅力的な女性に見えました。

「なあ、クラーラ。レティクル座でのことは本当に悪かったと、後悔してんだ。カウトロンを殺されたことで、つい頭に血が昇っちまって……その、悪かった。許してくれるかい？」

クラーラの答えを聞く間もなく、クイントロンは背後にいた暗黒卿に小突かれて、彼女の手前左にある指定席に移動させられ、着席しました。ここからならアイコンタクトで簡単な意思疎通くらいならできそうです。

クイントロンまでもがここで捕らえられていたことを知らなかったクラーラは、この急展開についていくのがやっとです。しかも、あんなことをしたのに、今更許してくれなどと、厚顔無恥にも限度ってものがあるでしょうと、怒りがこみ上げてきます。とはいうものの、今となっては全員が闇の支配者たちの捕虜になったようなので、つまりは無意味な破壊と殺戮の繰り返しに成り果てた銀河戦争も、ここでやっと終わるのだという安堵もありました。それに、成り行き次第では、彼女もクイントロンも生き延びることができるかもしれません。

「クラーラ！」

『えっこの声は！』

振り返ったクラーラの視線の先には、アアラダールがいたのです！　目から涙が溢れ出し、早足で歩み寄り、アアラダールの顔を撫でながら言いました。

「良かった、アアラダール……また会えて……」

アアラダールは胸がいっぱいになり、言葉も出てこないようです。彼女の手を取り、その指を自分の唇に押し当てます。二人はしばらくの間、見つめ合っていました。しかし暗黒卿の一人がいい加減にしろと言いたげに、アアラダールをクラーラの前方右横の席に押しやります。

これでアアラダール、クラーラ、そしてクイントロンによる三角形に並んだ証人三人が出揃いました。

二人の親しげで出し惜しみしない愛情を目の前にし、クイントロンは言葉には出さずに考えていました。

『アイツか、クラーラがメブスタで会っていた男は。チッ……アアラダールは確かにお似合いの相手だな。しかし、なんでまたアイツがリゲルにいやがるんだ？　まさか、クラーラを助け出しに乗り込んできやがったのか？　オイオイ、そんなバカなことをする奴だったか、アイツッ』

三人が心の中で心理ドラマを繰り広げている間、同席者の一人が注意深く全員の関係性や心理状態などを読み取っていました。クラーラの座る席は、ゼオンが静かに座る深紫色のベルベット生地の椅子の真正面にありました。会議室を流れるエネルギーが二人の間でまとまって交差し、強烈になっているように感じられます。

その視線を感じたクラーラは、ゼオンの目を見てあることに気づきました。

『あれ？　ゼオン？　まるで別人だわ。何が起きたというの？』

彼女はゼオンがうまく全員を逃してくれるよう取り計らっているのだと信じて、期待の視線を送りましたが、ゼオンはこれを躱してしまいます。なぜなら、これから起きることは、誰にも予測することは不可能だったからです。

ここでアアラダールとクイントロンの両方が、クラーラとゼオンが親しい関係性を築いたことを、鋭く見抜きました。こうして横長の会議室に置かれた椅子は、クラーラを頂点として、クイントロン、アアラダールの三角形の前に、ゼオンが対面するという形になりました。

この間、審議室内はざわめきが絶えませんでした。どの声も苦悩と悲壮感に満ちていて、時には言い争いにまで発展するものもありました。トライアックスはいつも通り周囲を怒鳴り散らし、ナルクロンは通路を徘徊しながら根も葉もない嘘をばら撒いています。

ようやく、ゼオンが立ち上がり全員の静粛を求めると、会場は静かになりました。クラーラは、彼の変化ぶりときたら、目に見えて明らかだと感じました。以前よりも明快で、嘘偽りのない、親しみやすい顔をしていると感じたのです。昨日の夜に何が起こったのか、できることなら彼と二人きりになった時に直接聞きたいと思っていました。

　オムニのリーダーは、いつもの調子を思い出せないような、ぎこちない様子で話し始めます。

「コホン……えー、昨晩、変わった出来事があったのでね。オムニの無敵神話を揺るがすような、大きな変化が起きたのだ。侵入されたと言い換えてもいいだろう。誰が来たのかというと、エロヒムの一人だ。それで……この私に頼み事があるというのだ。その要求とは、断れないことであり、私にしかできないことだという。よって私は、天使の願いを聞き入れた。さて、その天使というのが、今宵私の目の前にいるクラーラの、実の姉なのだという」

　闇の元帥院全員の視線がクラーラに集まりました。脅しの言葉を投げかけてくる者までいます。

　アアラダールとクイントロンの二人が席を立ち、彼女を守ろうとします。クラーラはというと、ゼオンの発言に酷く動転してしまっているようです。

『私の姉ですって？　天使？　そんな……』

「静粛に！　クラーラに手を出すことは許さんぞ。話を聞いてくれたら、それだけ早く進められる」

ゼオンは明らかに早く会議を終わらせて、やらなければならないことを始めたいと思っているようでした。ナルクロンがトライアックスの近くに行って、こちらを睨みつけながら、耳元で何か囁いているのが見えました。

『フン、私が弱みを見せた途端に裏切るのだろう。だが、そうはいかない』

室内にいた全員が沈黙しましたが、明らかに不審がっています。そんな重苦しい空気の中、ゼオンが言葉を続けました。

「銀河戦争は終わった。オムニ軍の解散をここに宣言する。銀河連合にはその旨、既に周知済みだ。そしてここに、UNA軍の指導者の二人と、連合軍の司令官が一人いる。私は彼らを自由の……（ピン……ピン……）身……に……（ピン……ピン……ピン……）」

ゼオンの声の勢いが急に衰えたかと思うと、バッと後ろを振り返りました。そこにはナルクロンとトライアックスが熾烈な顔をして、猛毒のレーザー銃を構えていました。背中から撃たれたオムニのリーダーは、その場で絶命しました。静かだった会議室は一気に大混乱の修羅場と化しました。

「裏切り者に死の制裁を！」トライアックスとナルクロンが揃って雄叫びを上げます。

クラーラがゼオンの身を案じて駆け寄ったところ、すぐさま暗黒卿たちに背中を取られてしまいます。アアラダールとクイントロンも手出しができず、そのまま捕虜として締め出され、車両に押し込められた三人は、ラーマターの忙しない大通りを運ばれていったのでした。

35　新たな闇の帝王

あまりにも物事が素早く、そして初めから計画されていたかのように首尾よく展開していくので、三人は気持ちの方を目の前の現実に追い付かせる暇もないどころか、お互いに深く話し合う時間も、考える時間すらも与えられませんでした。アアラダール、クラーラ、そしてクイントロンの三人は、一つの狭い席に詰め込まれ、その背後には暗闇の支配者らが座っています。前の運転席には二人の兵士が、目にも止まらぬ速さで操縦桿を正確に動かしています。

クラーラは先ほどの衝撃から立ち直ることもできず、まだ涙を流しています。アアラダールが肩でクラーラの頭を支えてあげて、クイントロンも両腕で彼女の体全体を支えてあげながら、揺れる車内でもクラーラが怪我をしないように密かに守ってくれていたのでした。窓の外の景色は次第に濃い霧の中に隠れて、朧げになっていきます。しばらく経った後、三人は謎の建物の前で車両から降ろされました。

そこで、黒いフード付きのローブが三人に手渡され、その場で着用するよう命じられます。黒い服に身を包んだ三人は、建物の中へと連れられていきました。その様子から、おそらく倉庫として使用されていた建物だということが分かります。裏口から出ると、そこはラーマター都市の中心部に位置する、例の迷路のような通路がありました。進入者を拒むような、曲がりくねった細道がどこまでも続いています。駆り立てられるようにしてぐんぐんと通路を進んでいくと、次第に道がもっと狭く、そして暗くなっていきました。

通路の突き当たりには、鍵のかかった門がありました。暗黒卿の一人が前に出て、手に取った何かの装置のような物をかざすと解錠され、先に進むことができました。そこからは小さな中庭と思われる場所になっていて、階段を上っていくと、別荘のような家屋がありました。

中に入り、カーテンが閉められ、外から家の中の様子を見えなくした後、真っ暗な部屋に灯りがつけられました。そこは明らかに、彼らの秘密基地でした。

別荘の中では、五人の暗黒卿がすでに居座っていて、客人がやってくるのを待ち受けていました。五人はフードをゆっくりと取って、顔を見せます。四人が男性、一人は女性でした。

「……どうぞ、座って。楽にしてください」

一人の男性が小声で言いました。

「ここなら安全ですから、大丈夫。まあ、しばらくの間ですが」

クラーラは戸惑って尋ねました。

「あなたたちは何者？　私たちをここに連れてきた目的は何？」

「私はロールマクス。我々は大魔王ゼオンの親衛隊です。彼は今日の審議会で自らの死を予見していました。よって、我々はこの窮地から脱出するための計画を立てることにしたのです。あなた方も我々の計画に協力していただきたい。ただし、これは利他主義の行動ではありません。ゼオンが消された今、我々の命も危ういわけで、そこで、あなた方の力を借りたいと思っているのです。これから元帥院に行って試してみたいことがあるので、戻るまであなた方にはここで待っていてもらいます。外には武装した兵士が見張っていますから、妙な真似はしないように。今のラーマター内では、ここがあなた方にとって一番安全な避難所であることは、言わずとも分かりますね？」

アアラダールは頷き、同意を示しました。

「助けてくれて感謝する。貴公らの介入がなければ、今頃は死刑にされていたかもしれない」

その後、一言二言を交わしてからすぐに、暗黒卿たちは出かけていってしまいました。取り残された三人を、気まずい沈黙が襲います。クラーラなどは、できればアアラダールと二人きりになりたいところに、よりによってクイントロンと待機しているよう命じられたわけで、不機嫌になるのも無理はありません。ここならもう安全だと確信したクイントロンは、いつもの横柄な態度に戻りました。

「お～い、クラーラちゃんよォ、彼氏がいたなんて聞いてねェぞ？　なんで隠してた？」

咎めるような口調で尋ねます。

「話しかけないでよ！　ほんと最低なことしてくれたわね、アンタ！　今だって、アンタなんて顔も見たくないんだから」

クラーラは激昂して言いました。

アアラダールは二人の言い争いから、これまでの経緯が見えてきました。かつて信頼を置いていた者同士であることも。そしてクイントロンが本当はクラーラに好意を抱いていて、ちょっかいを出しているのだということも。だから彼女の方も、以前にあんなに悪態をついていたのだということも、合点がいきました。

「んだとォ？　お前だって、俺の親友を殺しやがって。忘れたとは言わせねぇぞ！」

クイントロンの口調が刺々しくなります。

「ふざけんな！　私の夫を殺したくせに！」

クラーラも怒りが収まらない様子です。

「ケッ！　気持ち悪ぃ蜘蛛だったぜ！　インプラントだらけでよ。どの道、ありゃ手遅れだった！」

「まあまあ、二人とも落ち着いて」

アアラダールが喧嘩を仲裁しようとします。

「もっとこの時間を有効に使おうじゃないか。続きはその後でも良いだろう？　例えば、ここから生きて戻るために、我々に何ができるだろうか？　さあ、みんなで考えよう！」

アアラダールに子供っぽいところを見られた恥ずかしさで、クラーラは顔を赤らめました。

クイントロンでさえ、反論できずに態度を改めます。

「……アアラダール、あなたはなぜリゲルにいるの？」

シリアスな口調でクラーラは尋ねます。

「きみの姉上であるルミナラを、ここに連れてくるためだった」

「ルミナラ……私、その名前をよく知っている気がする。でも、私に家族がいたなんて、知らなかったわ。どんな人なの？」

「綺麗な人だった……美しいという言葉では形容しきれないほどの、純粋で、光り輝いていて……」

素直な感想を述べていると、クラーラの表情がどんどん困惑の色を深めていくのを感じ取れました。アアラダールは、率直に事実を明かすことにしました。

「……彼女はね、天使なんだ。天界から来た、本物の天使だ。物質界には初めて降臨されたのだという。天使というのは皆、あんなにも美しい存在なのだな。君のお姉さんが天使ということは、つまり、きみもギャラクシトロンに連れてこられる前には、天使だったということだ」

アアラダールが優しい声で諭すように説明するので、クラーラも慌てずに事実を受け止めることができました。

「そうだったのね。でも……なぜ彼女は物質界へ降りてきたの？　今は、何処にいるの？」

アアラダールは事件があった前夜、ルミナラとゼオンにあったことを、自分が知る限り全てをクラーラたちに説明しました。

「……するってぇと、クラーラのお姉ちゃんは、全ての源〈ソース〉とやらに会うために、オムニが必要だったてぇのか？　い、意味分かんねぇ……スケールがデカ過ぎるぜ」

クイントロンも驚いた表情で話を聴いています。

「ルミナラはもうこのまま、この世界に帰ってこないの？　私はもう、会えないのかしら」

「それは分からない。彼女でさえ、どうなるか知らない様子だった」

ゼオンの秘密を聞かされていたクラーラにとっては、ここまでの話を聴いて、なぜゼオンが以前に「オムニの絶対権威が揺るがされる」という表現をしていたのかが、理解できました。ゼオンは光の輪を誰にも知られぬよう内側に抱き続けていたと言っていましたが、それはつまり、ルミナラが執行する天の計画を拒むことは、宇宙の絶対悪であるオムニにも許されないという意味になるのです。

「……ルミナラはそれだけ大きな天の計画の実行者であった、という訳ね」

「そのとおり。エロヒム至高天の最重要指令で、ここへ降りて来たのだそうだ」

アアラダールが答えました。

このことはつまり、この件には光と闇の輪の両方を司る聖大天使メタトロンも関わっているということを意味しています。クラーラにとっては非常に好奇心をそそられる話だったのですが、できればアアラダールと二人だけで共有したい話題でした。クイントロンにこの情報を聞かれると、自分勝手な目的のために利用しかねないなと思ったのです。

そこへ、家の外から階段を上る足音が聞こえてきました。家の中では各自が灯りを全て消して、物音を立てないようにしながら、黙って耳を澄ましていました。暗闇の中、アアラダールはクラーラを腕にしっかり抱いて、離さないようにしています。

「開けてください……ロールマクスです」

クイントロンが入り口のドアを開けて、ロールマクス卿を中へ入れました。灯りをつけると、クイントロンが早速、気になる状況について質問しました。

「どうだった？　元帥院は」

「状況は決して良くはありませんね。ゼオンが暗殺されたことで、上層部はほぼ恐慌状態ですよ。歴代オムニの中でも、最高の指導者とまで謳われた人物でしたから。トライアックスとナルクロンは彼の前では存在感がかすんでしまい、名声は皆無に等しかったですし。今回、ゼオンを裏切り者に仕立て上げることで、元帥院の信頼を勝ち取ろうと、裏で絵を描いていたようなのですが、それも上手くはいきませんでしたね。最後は、オムニの空席を埋めるために、他所から人員を採択することになりました。きっと驚きますよ。誰が、魔王軍のトップであるオムニに加わると思いますか？」

クラーラが心配顔で尋ねます。

「誰なの？　あなたたちの仲間だったら、まだ良いのだけれど……」

「いいえ、元帥院はもっと大きな変化を望んでいます。端的に言うと、あなた方のうち一人が、最終的に選ばれました」

ロールマクス卿自身も、聞き手の三人と同じくらい驚いた表情を浮かべています。

アアラダールは驚愕し、聞き返しました。

「何ですって？　わ、我々のうち一人が……!?」

「ええ、そうです。次のオムニ三人衆に加わる人物を、元帥院にお連れするために、こうしてお迎えに上がりました。」

「さあ、参りましょうか。クイントロン殿？」

「なっ！　お、俺？」

全員の視線がクイントロンに集中します。

「俺がオムニに加入だって!?　えーウッソだろ、お前、だって、ほんのちょっと前まで俺、捕虜だったってぇのに。なんでそんな俺を、最高指導者に据えるってぇんだ？」

クイントロンは動揺して不平をこぼしているように見えましたが、クラーラは彼が内心喜んでいるのを知っていました。

『しめた！』とニヤリと笑い、クラーラはクイントロンの両肩に手を置いて、ここぞとばかりに激励しました。

「おめでとう！　やったじゃない、クイントロン！　確かに、あなたは適役ね。立派なオムニになってちょうだいね。たまに善行もしてみたらどうかしら？　そうすれば、意外な一面もあるとか言って、歴史に名を残せるわよ、絶対！　頑張ってね、未来のオムニのリーダーさん！」

クイントロンはまんざらでもなさそうです。この人にも、照れる時があるのですね。

　クラーラはそんな彼のリアクションを見て、千載一遇のチャンスと思い、一気に畳みかけます。

「クイントロン、あなたは誰よりも有能な戦士だもの。ちょっと粗野で、思いやりに欠けて、乱暴なところはあるけれど、それだけ勇敢で大胆不敵な男ということよね。いつも、勇気と決断力がある人だなぁって、感心していたのよ。ちょっとばかり、意地悪でひどいことされたことはあったけれど、あなたは有言実行の人だということも、よく知っているわ。でも、私にしたことを、ナルクロンとトライアックスにはしない方がいいわよ。権力というのは、大きければ大きいほど、失敗を犯した時に返ってくる反動が大きくなるものよ。本当のあなた自身を忘れないでいて。大丈夫、あなたならやれるわ！」

　クラーラはクイントロンにもたれかかり、口にキスをしました。

「クイントロン……過去に何があったとか、この際全部忘れましょう。私はあなたを許すわ。さあ、いってらっしゃい、暗黒卿クイントロン！」

　クイントロンは深く感動し、彼女をきつく抱いて言いました。

「……ありがとう、クラーラ。お前が言ってくれたことを思い出しながら、俺、頑張るからよ……」

アアラダールとクラーラに手を振って最後の別れを告げた後、クイントロンは行ってしまいました。

おジャマ虫が消えてくれたおかげで（！）、クラーラとアアラダールは二人きりになることができました。

ソファに腰掛け、二人はただ見つめあっていました。お互い、メブスタで最後に会った時と比べて、大きな成長を遂げました。それにしても、再会の時まで随分と待たされたように感じます。長く続いた泥沼の戦争でしたが、終わってみればこの着地点も悪くないと言えます。戦争を生き延びた全員が、以前より少し大人になって、人生のうち些細なことも大事なことだと知るようになりました。引き出しが増えたことで、人格はより豊かに、人生がもっと楽しく、輝かしいものになってゆきます。

二人の今の現状は、暗黒卿の捕虜のままです。ですがそれも、このまま二人きりでいられるのなら、良いんじゃないかとさえ思えてきました。もう何処にいようが身分がどうなろうが、二人には関係ありませんでした。すでに無時間の世界への移行は始まっていたのです。そこでは二元性のせいで起きる諍いなどに、心乱されることは有り得ません。この境地で望むことと言えば、せっかく与えられた個人としての人生を無駄にせず、残された時間を精一杯生きたいという、それだけのことでした。

「……きみとわたしの命は今、クイントロンに委ねられたと言ってても間違ってないな」

アアラダールが顔をしかめて言いました。

「そうね。何をされることやら。もしかしたら、これが最後の二人きりの時間かもね」

「いいや、たとえ私たちが引き離されようが、命を絶たれようが、ずっと一緒だよ、クラーラ」

「そうよね。私たちの愛は永遠だもの。この愛は決して絶えることはなく、この世界で生き続けるわ」

彼女は少しだけ笑って、言いました。

「ふふっ……可笑しいね。もうすぐ死ぬかもしれないっていうのに、私、こんなに幸せなの」

「そうだね。きっともう、何にも未練がないからだよ。これが無時間というものだ。二人の愛は今、時を超えているんだ」

「自由になれたのね。此処なら、どこにいてもお互いを見つけられる。もう、離れていても、一緒にいても、どちらでもいい。いつでも一緒。神聖な合体……それは」

チュッ

クラーラはアアラダールにキスをしました。「こんな感じ?」

チュッ

アアラダールはクラーラにキスをし返しました。「こんな感じじゃない?」

36　任務

その晩、恋人の腕の中で安心し切って寝ていたところに、扉をドンドンと叩く音が大きく響きました。アアラダールが起き上がって、真夜中の訪問者が誰か、玄関へと確かめに行きました。

「開けてください！」

扉の向こうから焦っている声が聞こえます。

アアラダールがすぐさま小声で確認します。

「……どなたですか？」

「エクソンとペメックスです。クイントロン様からの指示で、あなた方お二人を迎えにあがりました。扉を開けてください」

「罠ではない証拠は？」

　アアラダールが尋ねます。クラーラが彼のそばに来て、トロンとした目で彼の真剣な横顔に見入っています。

「時間がないのです。開けて頂けなければ、扉を壊します」

　この言葉に対し、アアラダールは仕方なく扉を開けました。そこには、初めて会う暗黒卿が二人立っていました。

「黒衣です。いますぐ着てください。さあ、出発しますよ、急いで！」

　戸惑っているアアラダールとクラーラを、返事をする暇も与えずに連れ去ります。

　再びラーマター市のメインストリートを上り、闇の元師院へと向かいます。到着すると、クラーラとアアラダールはローブを脱ぎ、案内されるままに評議会室に入りました。

　そこには驚きの光景がありました。

なんと、闇の元帥院は厳粛に、そして丁寧に会議を進行中だったのです。暗黒卿たちも意見を言う前に必ず挙手をして、相手の話を遮らないように敬意を払いながら聴き入っており、これ以上ないほどの統制の取れた会議になっていました。

アアラダールとクラーラは、前回座った席と同じ席に着席しました。クイントロンは着任して間もないはずなのに、立派に議長として会議を取り仕切っていることが窺えます。それに、今の立場を十二分に楽しんでもいるようです。服装も以前のような粗野なものとは違って、小綺麗になっています。クイントロンの左には、ロールマクス卿が座っています。トライアックスとナルクロンはどこに行ったのでしょうか。会議は整然と続き、一段落すると、二人の訪問者に全員の目が向きました。

クイントロンがクラーラを一瞥し、別人のような口調で話しかけてきました。

「やあ、クラーラ。我が闇の元帥院へようこそ。それから、銀河連合の星天司令官アアラダール殿も、歓迎します」

クラーラとアアラダールは彼の口調に相当な違和感を覚えましたが、ツッコミたくなる気持ちを抑え、とりあえず頷くことで返事をしました。下手に刺激するよりも、ここは様子見に徹するべきと判断したのです。

「君たちを呼び出したのは理由があってね。これからの我々の計画に、君たちの助けが必要なんだ」

クイントロンが爽やかな笑顔で説明を続けます。

「今はオムニの再構築の真っ最中でね。グレードアップ中とでも言おうか。ああ、こちらはオムニの新メンバーの、ロールマクス卿だ。もうご存じだったかな？　トライアックスとナルクロンの二人は残念だが、もうこの世にはいない。今朝の会議で死刑が決まって、その場で処刑が実行されたのだよ」

クラーラとアアラダールはそれを聞いて、愕然とします。着任早々、とんでもない事態を引き起こしていたということで、ある意味、期待を裏切らない男だとも思いました。

「さて、こちらで預かっていた君たちの宇宙船と乗組員たちの拘束を解こう。すぐに出発できるぞ。ここまでは、私の計画通りだ。ここまではね……」

クイントロンが意味深な間を開けて、説明を続けました。

「ここからは、元帥院が全会一致で採択した、ある決定について君たちに知ってほしい」

クイントロンはクラーラの方を鋭い目つきで見つめてきました。これから発する言葉を、絶対に聞き逃すなと言わんばかりの熱視線です。

「トライアックスとナルクロンが始末され、今は私とロールマクスがオムニだ。だが、一人分の空きがあるだろう。そこで……これも今日全員で決定したことなのだが……」

「クラーラ、君をオムニ三人衆の一員に迎えたい」

クイントロンが目で謝る仕草をしたのを、クラーラは見逃しませんでした。

これに、クラーラは思わず目を逸らして、閉じました。

『嫌……こんなの……』

今聞いたばかりの言葉を受け止められず、現実を認めたくありませんでした。まさに悪夢です。死刑宣告を受けるよりも酷い、考えうる最悪の未来が実現してしまったのです。このままではリゲルに一生閉じ込められ、アアラダールにも会えなくなってしまうかもしれません。彼女に実質的な拒否権がないことも、それ以外の選択肢がないことも、考えてみたら明らかです。彼闇の元帥院が黙って彼女を逃すわけがありませんから。

「……アアラダール司令官は、どうなるのです？」

クラーラが弱々しい声で、クイントロンを睨み付けながら訊きます。

「彼については、君のギャラクシトロン戦艦と同様、本拠地に帰ることが許される」

クイントロンは平然と返事をしましたが、クラーラにだけは目で謝罪の合図を送っていました。

「私の意向をお伝えする前に、アアラダール司令官と少し話しても良いでしょうか？」

言葉ではそう言いましたが、クラーラにはどうせ自分に決定権が与えられてはいないということは、分かっていました。彼女にはもう、オムニに加わるしか道はありません。さもなくば、アアラダールも自分の船の乗組員も全て、この場で処刑されるでしょう。

「申し出を許可する。室外で話すといい。ペメックスに誰の目も届かない部屋を用意させよう。アアラダール殿はそちらの部屋から、いつでも出航できる。アアラダール殿、本日はオムニにまでご足労いただき、感謝しておりますよ」

クイントロンはすっかり板に付いた議長ぶりです。

＊　＊　＊

指定された部屋に入った二人は、しばらくの間、言葉を交わすこともなく抱き合っていました。二人とも、ただ悲しみに浸っていることや、勝手な決定に怒りを示すことも、無駄な行為であると悟っていたのです。悪い冗談が現実になったかのような事態になってしまいましたが、ここで無駄な抵抗をするよりも、流れに身を委ねてしまおうと考えるようになっていたのです。

「アハハ、おっかしいわよね。自分の出自を知って、もう悪に手を染めないと決めて、今はただ静かに、平和に暮らしたいと思った途端、オムニの一員になるなんて……」

アアラダールにはこの状況を変えることができず、生まれて初めての無力感を味わっていました。考えに考えましたが、何も良い策が思い浮かびません。このままラーマターに残ることも考えましたが、恐らくここ暗黒の地で生活するのは、彼には厳しいでしょう。誰か当てがあれば良いのですが。頼れる知恵者がいてくれたら……

「！　そういえばクラーラ、ネプタ・エル・ラーはどこに？　まだ連絡は取れるのかい？」

「すっかり忘れていたわ。どうかしらね、もう長いこと連絡をとっていなかったの。ラスタバンの後は、ずっと考える暇もなくって……　でも、なんでネプタ？」

「彼女とはできるだけ繋がっておいた方がいいと思う。我々のことを説明すれば、ひょっとして助言をくれるかもしれないよ」

クラーラは試しに目を閉じて、ネプタに意識の焦点を合わせてみました。すると、すぐにネプタの輝く映像が見えてきました。

「クラーラ様、それにアアラダール様も！　良かった、嬉しいです」

ネプタは虹の色と綺麗な鈴の音を思わせる声で、そう言いました。

アアラダールにもその声が聞こえて、驚いて言いました。

「おお、ネプタ！　まさかまた君と話せるなんて、思わなかった」

「いつでもお話しできますよ。だって私たちは皆、繋がっているのですから。ところでクラーラ様、素晴らしいご活躍ぶりでしたわ。またお話しできて嬉しいです」

「ということは、私たちの現状も知っているのね。どうしよう？　私、オムニになりたいだなんて、ちっとも思っていないのよ。アアラダールと二人でどこか静かに楽しく暮らせる場所に行きたいわ」

「クラーラ様……オムニの一人になることは、あなた様の神聖な任務でございます。そこでは大事な仕事があり、それを完遂させるには、あなた様が持つ特殊なエネルギーが必要になります。ゼオン様が光の輪についてお話しされていましたよね。これより、クラーラ様がオムニ三人衆の中で、光の輪の持ち主になります。これは、宇宙の二元性法則を維持するために絶対に必要な天の計らいなのです。アアラダール様は今回、ここから立ち去るべきでしょう。シャカール様と他の方々もお連れになって、この場所から離れてください」

ネプタはここで言葉を一旦止めました。話を聞いていたクラーラが、震えながらすすり泣いているためです。アアラダールは黙ってその涙を拭って、優しく抱きしめてあげました。

「……アアラダールには……もう会えないの……？」クラーラが尋ねます。

「……お二人の神聖な任務は、実は既に開始しているのです。心を強くお持ちになって、その時が来るのを待っていてください。これ以上は、今の私からは明かせません。しかし、いつでも私を呼んでいただければ、力をお貸しします」

ネプタは最後にとびきり美しい笑顔を浮かべ、そして宙に溶け込んで消えてしまいました。

「どういうこと……？　二人の任務が始まっているって……？　また離ればなれになるのに」

クラーラの疑念は晴れません。

「分からない……　しかし、また会えることがあれば、全力でそうすることは確かだ。ところで、光の輪とは何のことだ？」

アアラダールが尋ねます。

ゼオンは亡き者となり、今度は自分自身が次の光の輪の持ち主になったとあって、アアラダールにだけは秘密を明かしてもいいと、クラーラは結論づけました。それには、光の勢力のメンバーの中にも、闇の輪を隠し抱く者がいるという事実も、付け加える必要がありました。

アアラダールはその話を聞いて、次に光の元老院に呼ばれた時に、その者を見つけ出す決意を示しました。

会話の話題も尽きてきて、しばらく無言の時間が過ぎていきます。もうじき、お別れの時間です。シャカールへの伝言を書いた手紙をアアラダールに渡し、最後のキスを交わします。

「また会いましょう。最愛の男性《ひと》、アアラダール」

「また会おう。最愛の女性《ひと》、クラーラ」

扉を開けて、外へ出たアアラダールはクラーラの方を振り返り、声高に言いました。

「クラーラ！　個としての自分に与えられた任務や権限はなんであれ、私たちはみんな、いつでも自由なんだ！　思い出してごらん、愛に浸っている間、二人は永遠だった！　きっと、全部大丈夫だ！」

「そう、そうよね、アアラダール！　ありがとう。いつでもあの瞬間を思い出しながら、生きていくわ！」

泣いてもいいの

終わりの見えない　長い長い道のり
流した涙は　数知れず
力を振り絞って　その一瞬の閃光を生きてきました

深く刻まれた悲しみ
古くなって　錆びついた記憶が
いつか　思いやりという
絶頂感に変化するまでは

儚い　自由の風と
光り輝く　聖なる愛の真珠を
みんなで共有するまでは

いろんなものを見てきました
あらゆることを味わってきました
だからもう　お腹がいっぱい

けれど　その本質だけは
いつまでも　私の一部として生きています
いつでも　私と共に有ります

この旅も　もうすぐ終着駅
いろんな道を旅してきたけれど
いつの間にか　一本道に収束していて
簡素で分かりやすくなって
心の荷物も　私自身と同じ

こんなに軽くなりました

それでもまだ
生きていれば　嫌なことも楽しいこともあって
心揺れる時はあっても
また昔と同じように
泣いて　立ち止まったりはしません

今の私は　大昔の私と同じではありません

もう帰路についているのだから
もう知っているのだから
それを今更　学び直すだなんて
余計なことに惑わされて
引きずり込まれる必要はありません

今の私が目指すのは
未踏の宇宙
扉の向こうで燦々と輝く　あの星

一なるもの

それが　私たち全てが
いつか帰る場所
本当は　私たちは皆
ずっとそこにいたのだから
もう同じ涙は流しません
だから泣けと言わないで

その代わり
自分自身のその輝きを
抱きしめてあげて

これまでの全部を内側に持って
お土産にして　持って帰りましょう

星々と血肉を混ぜて
より本当の自分らしくなりましょう
シンプルかつ無限大の
本来のあなた自身へ

境界線が消え
聖婚を経て
私たちは　真の自由を勝ち取るのです……

37　ウリエルラの置き土産

リゲルを去り、アアラダールたちはすぐにアークトゥルスへと向かいました。ギャラクシトロン戦艦にとってそこは未踏の地でしたが、生き残った蜘蛛族の安住の地になるようにアアラダールが取り計らってくれたのです。多くの者が移住していく中、シャカールだけは彼について行くことに決めたようです。アアラダールの方も、シャカールの忠誠心の高さと戦士としての潔さをすぐに気に入ったようです。シャカールの話してくれる女王クラーラについての秘密のエピソードも、アアラダールは聞くのを楽しみにしていました。特に、王シャーモに初めて捕らえられた時の顚末は、衝撃的なお話だったようです。彼女の人格の厚みは、そのような経験から来ているのだと分かったのです。

アアラダールは時折、クラーラに無性に会いたくて堪らない時がありました。それはまるで、自分の中に住んでいる彼女に会いたくなるような、妙な感覚でした。おそらく彼女の方も同じように感じているはずだという確信もありました。そうして、ずっとお互いに一緒にいられて、いつでも話ができると感じていたのです。彼女を求めるあまり、体が疼くことも多くありました。しかし自分の体は一つしかないので、彼女と愛し合う行為には至れません。もどかしい状態はいつまでも続いていましたが、彼にできるのは、いつかまた絶対に彼女に会えるから、その時にこのつもり積もった想いを解放してやろうと、信じて待つことのみでした。

帰還したアアラダールは早速、銀河連合本部で、彼自身が目の当たりにした事実を最初から最後まで報告しました。それを終えると、今度は光の元老院から呼ばれたので、銀河連合の最高指導者と共にそこへ赴きました。建物に辿り着くと、意外な人物からアアラダールと二人きりで話したいことがあると要請されました。それは、ウリエルラでした。

「行ってきたまえ、アアラダール君。私は評議会室で待っているから。君の報告書は、先に提示しておこう」

上司からも無事許可を得たので、彼はすぐにウリエルラの私室へと向かいました。

『このタイミングで呼び出すとは、そんなに大事な話なのだろうか……？』

元老院の議員に直接呼び出されるなど、アアラダールにとって初めて経験することでした。彼女の部屋の前にいた従者は、彼の姿を見つけるとすぐに部屋の中へ招き入れてくれました。

「失礼します」

軽快なノック音と共に急いで部屋の中に入ったアアラダールを、衝撃の光景が待ち受けていました。

なんと、ウリエルラは、ベッドに横たわった姿のまま、今にも息を引きとりそうなほど弱っていたのです。

彼女に駆け寄ると、動かすことも難しそうなその手を優しく取りあげます。

「ウリエルラ様！　アアラダールです。これは一体、どうされたのですか？」

心配そうな顔でウリエルラを見つめます。

「嗚呼、アアラダール……最後に会えて良かった……」

なんとか聞き取れるぐらいの掠れ声でウリエルラが話します。

「ご覧の通り、私は間もなくあの世へ発ちます。今までなんとか持ちこたえてきたのは、どうしても、あなたに伝えたいことがあったからです。その大事なことを明かした暁には、私は安心して逝くことができます」

　アアラダールは喋るのも難しそうな彼女を心配して、言いました。

「ああ、なんということだ……　そのお身体では……今は話さないで安静になさっていた方がよろしいのでは？」

「時間がないのです。いいですか、よくお聞きになってくださいね……」

　ウリエルラは、自分こそが光の元老院の中で唯一、闇の輪を抱く者であったことを明かしました。

「……私は今し方、リゲルから戻ったばかりですが、そこであなた様の片割れである存在に、出会ったばかりです。その人は、光の輪を内側に抱く暗黒卿で、オムニ三傑の中心人物でした」

　アアラダールはゼオンについて見知った限りのことを話しました。彼が誰よりもハンサムであったことを話しながら、少しでもウリエルラが存《なが》えることを期待していました。

彼が大方を話し終えると、ウリエルラの目から一筋の涙がこぼれ落ちました。

「……ありがとう、アアラダール。彼は本当にこの世に存在していたのね。それを知れて、本当に嬉しいわ。彼のことは、ずっと昔から感じていたけれど、決して会えなかったの。それで、彼は今、どうしているのかしら……？」

「実は……オムニの他の二人の手によって……無念です。私が釈放される直前の出来事でした」

「そうだったのですね……これで納得がいきました。どうやって殺されたのですか？」

「毒入りのレーザー銃を、背中に打ち込まれて絶命しました」

「だから背中に痛みを感じるのですね。それに、毒が全身にまわってしまっています。彼が死んだとあれば、繋がっている私も、もう長くはありません……」

アアラダールは拳を握りしめ、なんとか励まそうとします。

「大丈夫ですよ、肉体は滅んでも、きっとどこかで一緒になれます……」

「そうでしょうね、ええ、きっと……　今までよりも……もっと近くに……」

ウリエルラはしばらくの間宙を見つめていましたが、やがて彼の方を見やって、遺言を残すことに決めたようです。

「アアラダール。私が死んだら、光の元老院に加わってください。次の闇の輪の持ち主は、あなたに決まりました」

アアラダールは無言でウリエルラを見つめています。

今、言われたことの意味が分かりません。唐突すぎて、冗談か単なる言い間違えであることを、心から願いました。

「……すみません、今、なんとおっしゃいましたか?」

「あなたが次の世代の、闇の輪を抱く者になることが決定されました」

彼女の声は落ち着いています。

アアラダールは身振り手振りでも、「もうたくさんだ」と表現しながら、彼女の言い分に抗議しました。

「なぜ、なぜ私なのですか？　嫌ですよ、そんなの！　これ以上の重い運命には、私は耐えられない！　戦争であんなにつらい思いをさせておいて、こんなの、あんまりではないですか！　私生活でも色々ありすぎて……　もう一人にしておいてください。どこか静かなところで、誰にも会わずに、誰とも関わらずに、戦わずに暮らしたいんです」

「なぜあなたなのか。それは、あなたが闇の輪を抱くに相応しい器であるからです。この運命には抗えません。私もその昔、必死で抵抗したものの、できませんでしたから……」

彼女の射抜くような視線が彼の両眼に突き刺さります。

「……アアラダール……もう少しで私の命は燃え尽きるでしょう。だから……少しだけ……そばにいて……その後は……元老院に……新しく加わっ……て……」

もう彼が知らないところで運命は動き始めていたのです。その意志に叛くことは不可能と悟った彼は、決意して言いました。

「承知いたしました、ウリエルラ様。私はこれより、光の元老院の一員として、天命を全ういたします」

そして彼女の手を優しく握り、言いました。

「あなたの旅立ちのときに居合わせることができ、恐悦に存じます」

安心した彼女は、その眼を閉じて、いよいよ解脱の準備を整えます。

傍ではアアラダールが悲嘆に暮れています。ウリエルラの死を悼むからではありません。物質界での死は、単なる非物質界への移行を示す出来事に過ぎません。彼が本当に悲しんでいたのは、自らの純白さの喪失でした。クラーラがそうなるよう天に選ばれたように、彼もまた重大な任務を押し付けられてしまったのです。天の計画の最重要の執行者として。しかしそれも、押し付けられたというよりは、自ら進んで引き受けることを選択したという方が正解です。だからこそ、天命に抗うことはできないのです。それに、これらは全て、元々は自分自身で決断したことなのですから。

　ウリエルラは長い吐息の後、その肉体を離れ、この世を去っていきました。アアラダールは、彼女の霊魂が体を離れていくのを見ていました。その霊体からは翼が生え、大霊〈エロヒム〉のライトボディへと変貌してゆきました。そこから溢れ出る光は無尽蔵で、まさに光の噴水でした。黄金の光が部屋中を照らします。そして天にも届くほどの巨大な、ウリエルラの透明な天使体が、その威容を明らかにします。優しい天使の微笑みと共に、彼女はアアラダールに敬礼をした後、天のエロヒムたち一同に新たに加わるため、旅立っていきました。

　アアラダールはしばらくの間、ウリエルラの昇天〈アセンション〉の感動の余韻に浸っていました。覚悟を決めた彼は立ち上がり、姿勢を正しく威風堂々と歩き、光の評議会へと赴きました。

＊　＊　＊

　聖大天使メタトロンは、オリオン座の重複域の中で、オリオン評議会を見下ろしながら静かにことの成り行きを見守っていました。馬蹄形の部屋の中では、激情的な論争が繰り広げられています。光と闇の支配者たちは、この次元宇宙の二元性の枠組みから卒業する覚悟があるのか、お互いに問うていました。何週間も昼夜を問わず続いた議論でしたが、遂に意見の一致を見ることはありませんでした。

忘れてはいけないのは、どんなに光や闇を追求して、道を極めて名声を得た人であっても、二極性という条件の中で自らの立場に固執してしまう限りは、自分たちは元々一つであるということを思い出せなくなってしまうということです。

38　卵

ルミナラがゼオンという扉を抜けると、二人のエネルギーが融合を見せ始めました。闇と光が合わさって、一つの新しい何かが生まれます。振動する二つの光の輪が重なり、眩い光であらゆるものを照らしました。大魔王という肩書きの中には、ゼオンという人の、始源たるものがあるはず。それを知っていたルミナラは、光の球の中へと溶け込んで、捜索を続けました。

眩い光の中に溶けていった彼女は、気がつくと不毛の荒れ地に一人佇んでいました。見渡す限り、雷に打たれたような枯れ木が立ち並び、地獄の門を守る番人のように、地平線を囲んでいます。空を見ても、気が滅入るような灰色以外は何もありません。そこにいるだけで薄暗い恐怖が全身に浸透していくような感じがします。

しかし天使ルミナラはこの状況に全く恐怖心を示しません。周囲を見渡し、外観には惑わされず、その背景にある本質的意味を見出そうと集中しています。突然、彼女が何かを呼びかけました。すると、年老いた魔法使いの翁が、呪文を唱えながら彼女の前に姿を現しました。不機嫌そうな表情でルミナラを睨んでいます。

「ここで何をしておる？　ここは、あらゆる魔術の起源となる極秘の空間だ。招かれざる客は歓迎されることはない。すぐに立ち去れい！」

枯れた木が喋るような声で警告してきます。

ルミナラはこれに笑顔で応えます。

「今晩は、大魔道士さん。ですが……これは幻影であって、本当のあなたではありませんね。つまらない脅しは無意味ですよ」

彼女の辛辣な言葉は、魔法使いを激怒させてしまいました。この老人はいつも一人だったので、まず客人が来ることにも慣れていないのです。さらに、迷い込んだ者も普通は彼のことを恐れて、刃向かおうとはしないものです。そこへ不意に突き刺さった彼女の言葉は、彼を怒らせるには十分でした。

「出ていけ！　醜い、穢らしい生き物め！　それともこの場でその首、切り落としてやろうか」

彼はどこからか錆びついた剣を取り出し、空中を斬りつけながらブンブンと音を出し、脅してきました。

ルミナラは全く動じず、微笑んで言いました。

「ホホホ……幻影に何を言わせても無駄だと言っているでしょう。それで私を斬りつけても、通り抜けるだけよ。触れはしない。さあ、この老人の幻影をどけてちょうだい。私は今、幻惑の裏にある真実を探す旅の途中なのです！」

ルミナラの言葉を聞いた瞬間、老魔法使いと灰色の風景が一瞬のうちに消え去り、明るい光だけが残りました。ルミナラは立ち止まり、次にどうするべきか考えているようでした。目を閉じて、そして開けるとそこには大きくて白い、半透明の卵がありました。それを見た瞬間、彼女の心の奥底にあった、ある記憶が呼び起こされました……

この卵が神聖なものであると知ったルミナラは、意識状態を引き上げて、天使として対面することにしました。変身した彼女は天界でいつも着ていた白く透き通ったドレスを身につけています。ゆっくりと差し出した足は、規則的なステップを踏んでいます。どうやら神聖な儀式の時に行う神秘の舞のようで、厳かに半透明の卵へと近づいていきます。2メートルほどまで距離が狭まると、彼女は一旦動きを止《と》め、自らに次の指示を求めるため、静寂の中へと入り込んでいきました。

彼女の両手が動き始め、ムードラを卵に見せると同時に、強い光が全身から放たれました。

世界の時間は「今、この瞬間」で停止しています……

「永遠の今」のうちに万物は凍りつきました。

その領域で意識を取り戻したルミナラは、覚悟を決めて光り輝く卵に向かって歩き出し、その先の世界へと通り抜けていきました。

39　内側の宇宙

　通り抜けた先、ルミナラの目に映った光景は、小さな洞窟のような場所の内壁でした。大きな楕円形の窓が一つ、壁に埋め込まれているのが見えます。その窓の外には、さまざまな形をした星々が無数に見えています。天使の知識にもなかった異世界の星々までもが、そこに浮かんでいました。それはまるで、二つの別世界が混ざり合って、異次元の性質を持った新世界〈ニュー・マトリックス〉を作り出しているような、不可思議な光景でした。何より面白いことに、二つの中心太陽系が合体するのだから、よほど複雑怪奇な太陽系になると思いきや、そこには驚くほど質素な星々の曼荼羅が、たった一つだけあったのです。

　足元を見ると、洞窟の床には七芒星が描かれています。星の輪郭は青紫色の液体光〈リキッドライト〉が流れ描くことで、視認できます。洞窟内は無音ではなく、ずっと低い声で詠唱するような音が響いています。

ルミナラが七芒星の中心に立つと、天から黄金の光の柱が降りてきて、彼女の頭から床の下まで通っていきました。天から降りてきた黄金の串に、貫かれたかのようです。

彼女を貫いた黄金の光は、そのまま時計回りに回転し始めました。ルミナラは、まるで自分の中に回転軸があるように感じます。回転の速度が上がるにつれ、遠心分離機のように、外側の部分が剝がれていくのを感じました。旋回速度が上がると、黄金の光線自体はどんどん細く、鋭くなっていきました。細いほど強力で繊細になり、効果も増すようです。

黄金のコマのように回転し続けるルミナラの視界には、いつの間にか洞窟内の光景は消えていました。見えるのは、流星の煌めきだけ。無数の流星が、花火が弾ける時のように、中心から外側へと輝きながら流出していきます。どこか、遠い遠い場所にあるこの世の中心。しかし彼女は、今までも、いつまでも、この中心太陽と垂直に直列していることが、感じ取れました。

自分の体がどこまでも、何よりも大きくなり、遂には宇宙と同じ大きさにまで広がっていくのを感じました。

回転が、ある極点〈オメガ・ポイント〉に達した後、気づけばルミナラは反時計回りに回転していました。そして無数の星雲と渦巻銀河を、その身に巻き寄せているのを、ただ観察していました。こうして彼女の体には、紗のような薄くて透き通った星天場〈スターフィールド〉が巻き付いていきました。十分に巻きつくと、身についた星天場の重さで、回転力が弱まっていきます。外側からは中にいるルミナラは見えません。その間も、黄金の光線は彼女の中心に位置し続け、頭頂と足元から抜け出ていました。

そして回転が止み、全ては静止しました……

ルミナラは今、宙に浮いている状態です。優しい星波に揺られるサナギのように。さざなみで動かないように、黄金の光線でその身を固定しています。

このまま眠ってしまえば、永遠の極楽の海に溶け込んで、いつまでも至福の時を過ごしていられるのではないかとも思いましたが……　まだやるべき事がたくさん残っています。サナギのように外界から自分自身を隔離した彼女は、自分自身が無数の小さな細胞から成り立っているのを実感します。その小さな宇宙を構成している小さな生き物たちは、本当は皆同じゴールを目指して、生きているのです。

自分という小宇宙をさらに細かく照覧すると、それは極小の「ヒモ」のような物質でできていることが分かりました。紐は、無数のトンネルのように入り組んで並んでいますが、全体的に見ると蜂の巣のように、整然と並んでもいます。構造を細かく観察していると、突然の発火が起きました。紐の一部に、火がついたようなのです。火は瞬く間に燃え広がり、周囲の全てを焼き尽くしました。

火事が収まると、なんとも形容し難いものが残りました……

ピンクがかった色の、艶のある膜のような、柔らかく湾曲した壁に、奇妙な形の結節や突起が見えます。そして壁の中には、長いアーチ状の通路が延びています。

非常に奇妙な物体ですが、それでも彼女自身という内面世界の一部を見ているに過ぎないはずです。彼女は、自らの全体像から意識だけを切り離し、それが何なのか、どういう形をしているのか、探求してみたいと思いました。この通路の先にある扉の向こうに、おそらく彼女にとって大事な何かを見つけることができる、という確信がありました。全体性の感覚を保ちつつも、自分という小宇宙を別個の意識を持って探求するというのは、なんとも不思議で常識外れな感覚です。

ルミナラは今、全体性の極大世界にだけ意識をフォーカスすることよりも、自分の中にある小さな道がどこに続いているのかという、極小世界に対する好奇心の方が優っていたのです。

ありました。廊下の突き当たりには、小さな扉が見えます。ルミナラの意識の一部が、その極小世界にある扉を、通り抜けていきました。

そして、不思議過ぎることが起こりました。その扉をくぐると同時に、彼女の全体像が裏返って、捨てなければならないと願っていたものも全部、一緒についてくるのです！

＊　＊　＊

裏返しになった世界では、何もかもが全て、見知ったものとは違っています。そこは静かな場所でした。白い砂浜、遠くには山々が見え、中央には綺麗な水色の湖があります。青空には大きく大胆に描かれた光の道が見えています。そこは、絶対的な静寂が支配する世界でした。

よく見ると、湖だと思っていたそれは、海でした。

その風景の中に彼女自身を映し出してみます。

すると、海だと思っていたそれは、彼女自身の「目」だったのです。
ルミナラは囁きます。「……これは、ＡＮの目？」

静寂の中心から答えが返ってきます
「見ることは　居るということ
居ることは　見るということ」

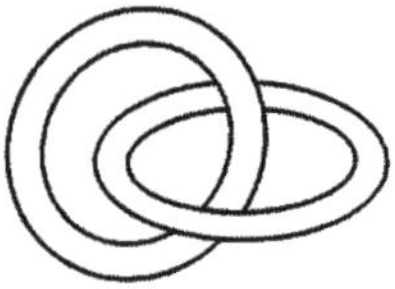

＊　＊　＊

ルミナラがゆっくりと目を開けて、目に映るものを見ました。
ANの眼に、遂に到達したのです。

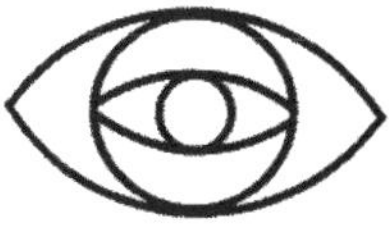

それは万物にある
無時間域への
入り口

0（無）は1（有）であり
1は全である

いま　目と目が合って
心臓の鼓動は消えて
時間がなくなって
完全な
静寂の中へ

夜空の一つ星が
拡散する

全てを知る感覚を思い出し
奥底から記憶が
蘇る

瞬間の全知
黄金の夜明け
暁の智慧

全てが花開き
全てを見て
全てが見えて

蓮の花弁は　いま
日の光に抱かれて
その全てを捧げる

その先の行方

見えていても
行くことはできず
無時間の海の深みを
泳いで渡ることのできない　もどかしさ

私たちは元々
穴
その穴から
さらに多くの穴へと分かたれた
一つの雫から
さらに多くの雫へと分かたれた
その時の寂しさは
いま　なくなろうとしている

いくつもある世界の先にある
一なる世界での再会
全ては自分の中に有る
全てを自分の中に見る

11：11

それは、私たちが物質界へと降りてくる以前に
細胞記憶の奥底に
埋め込まれていた暗号であり

時が来れば作動して
「完成の時」が近いことを教えてくれます
11：11は今
あなたの中で起動しました……

40　オリオン理事会

選ばれた覚醒の使者の名は、ネプタ・エル・ラーでした。今回、聖大天使メタトロンとエロヒム最長老院の指示に従い、「覚醒」を起動させる「呼びかけ」を発信したのが、彼女だったのです。引き金〈トリガー〉は広大なこの次元宇宙に住む、全存在に受け取られました。細胞内の記憶バンクに組み込まれていた暗号〈コード〉が起動し、自分の奥深くからその叡智を感じることができました。その瞬間、長い間被さっていた幾重もある記憶のベールが、取り除かれたのです。記憶が呼び覚まされ、集合的無意識の中から、ある種の新しい時代意識が生まれました。

戦争の傷痕がまだ生々しい世の中で、全員の世界観に変化の兆しが見えてきたのです。形作られた世界を映していた眼鏡が、一斉に別のものに取り替えられたような気分でした。少しずつ、人々はその新しい世界観に馴染んでいきました。

この大いなる目覚め〈グレート・アウェイクニング〉は、細い糸のような神妙な音楽を思い出させてくれました。神聖なその旋律は、生命現象のあらゆる側面に浸透してゆきました。その生物の進化の発展具合にかかわらず、天の音楽は平等に浸透してゆきます。音楽が意識内に戻ってくると、それは誰にでも認識できるような、高調波共振〈ハーモニック・レゾナンス〉を生み出し始めました。その共鳴の波動は、一なるものの歌〈ソング・オブ・ワン〉であり、各人の記憶を呼び覚ます役割を果たしていました。

11：11が遂に起動したのです。

その前後では、世界がまるで違って見えます。この次元宇宙の隅々まで、皆が思い出し始めたのです。

幻惑のベールは消え去り、忘れていた記憶に触れた全ての人々の願いはいま、「思い出したい」あるいは「あの頃に戻りたい」というものに一新されました。

目に見えぬ大いなる力に突き動かされ、ゆっくりと、しかし確実に、全ての存在が「オリオン理事会」へと還らなければならないと感じ、そのための準備をし始めました。

理事会は新たに到着した人々を受け入れ、日に日に大きくなっていきました。「会議室」自体の容量も増え続け、気づけば有機生命体の生命活動にとっての成長期のような、急激な進化を遂げていきました。到着した各自は、光側か闇側のどちらかの、任命された（それより以前から予め決められていたと言っても過言ではありませんが）席に着いていきました。

議会の中心に座するのは聖大天使メタトロンです。王様のローブを着て、星天の冠をかぶっています。その傍らには、ネプタ・エル・ラーが煌めく白衣を纏って立っています。二人とも、一なる光〈ライト・オブ・ワン〉で輝いています。

新しくそこへ辿り着いた人たちは皆、全てを包み込む宇宙の愛の波に打たれ、運命の輪が回り始めたことを知り、約束の地へやって来たのだということを、十分に理解していました。それまでの人生にはなかったような、高潔な正義感と志を抱いてやって来たのです。

アアラダールは、光の元老院のメンバーたちと共に、会議室の右手に座っていました。彼もまた、明かされる真実が具体的に何であるかは知らずとも、必ずここにこうして集うべきだと信じて疑わなかった一人です。長い歴史の中で、光の元老院のメンバー全員がベテルギウスの神殿を留守にしたのは、初めてのことでした。それだけ重大な出来事であるということです。

そこへ、リゲルから暗黒卿たちがもれなく全員、オリオン理事会に到着し、馬蹄形の会議室の左側の席へと案内されました。会議室の各所でざわめきが上がり、ひそひそ話を始める者が多くいました。一団の中には、クラーラの姿も見えました。堂々とした態度で歩き、指定された席に着席します。彼女の美しさは比肩するものがないほどで、以前よりもずっと純真性の透明な輝きを放つようになっていました。今の彼女は白黒つけようがない、まさに光と闇の融合点の体現でした。周囲の反応が、その前代未聞の出来事を証明していました。彼女の傍にはクイントロン総司令官とロールマクス大司教の姿もありました。

クラーラは席についてすぐ、光の勢力側の面々に見定めるような視線を送り、探していた者の両目で止まりました。アアラダールと目があった瞬間、その目からはゆっくりと涙がこぼれ落ちていきました。視線を落とした彼女は、静かに物思いに耽り始めました。きっと、二人の間にある計り知れない距離感についてを思っているのでしょう。

「クラーラ様」

名前を呼ばれたことに気づき見上げると、ネプタ・エル・ラーが目前に立っていました。全身から黄金光を渦巻くように放っていて、言葉ではとても表せないような、厳かで神聖な威厳を感じさせます。

クラーラは立ち上がってネプタに挨拶をしました。彼女と向き合っているだけで、黄金の光に優しく包まれているような心地よさを感じていました。

ネプタは虹の音楽を思わせる声で言いました。

「クラーラ様のために、サプライズを用意しておりましたのよ。二つございまして、一つは後ほどお見せいたしますが、まずはこちらから」

ネプタの横に、カウトロンがひょっこりと現れました。懐かしいあの、ちょっぴりはにかんだ、とびきりの笑顔を浮かべて。優しい瞳は感謝の涙で濡れています。

「ウソ⁉　カウトロンじゃない！　どうしてあなたがここに⁉　ああ、嬉しいわ、また会えて、本当に！　夢じゃないかしら！　ネプタ、どうしてカウトロンが？」

ネプタは優しい声で説明してくれました。

「少し大変でしたが、なんとか彼の欠片を全て見つけ出すことができました。あとは復活の儀を経て、生き返らせるだけでしたので。私、これでも大治癒師ですから。これくらいならば」

クラーラはカウトロンの頭を慈しむように撫でながら、しばらくの間抱擁し、その後はクイントロンにも早く会いたいだろうと気づかい、離してあげました。

「ぁ……ぁ……」

クイントロンはまさかの親友との再会に、驚きのあまり声も出ないようです。

「か、カウトローーン！　良かったぁ、生きていたんだなぁ！　ううぅ……！」

ネプタがクラーラに、付いてくるように合図をしました。

二人は会議室の外にある小部屋に移動しました。周囲に人がいないことを確認すると、ネプタが真剣な面持ちになって話し始めました。

「クラーラ様、主催者側から一つ、大きな頼みがございます。皆様がお集まりになった本日、この貴重な機会を逃さないためにも、ある神聖な儀式を執り行わなければなりません。光と闇の神聖な結合を象徴する、神婚式でございます。その花嫁役に、クラーラ様がなっていただきたいのです」

ネプタの発した言葉の意味を噛み砕く間、クラーラの表情は暗くなっていきました。そして、昔の彼女のように感情的になって、主張しました。

「ほ〜ら、また！　勝手に選ばれた！　たまには、私以外の誰かを選んだらどうなの？　何回目よ？　また私なの？　蜘蛛族の王の花嫁に選ばれて、天使だったところを捕獲される羽目になって、銀河史に残る悲惨な戦争の発端を作った人物に選ばれて、その後はオムニの魔王の一人に選ばれて！　ネプタには悪いけれど、もう天に選ばれたなんて言われても、これっぽっちも嬉しくないわ……」

ネプタはクラーラの怒りが爆発しているのをただじっと黙って、彼女の気持ちを汲んであげながら、聞き役に徹してくれました。

「クラーラ様……　申し訳ございません。しかし、ご存じのように、全ては天のお導きなのです」

「ふん、天の目的とやらは、いつも私の気持ちなんか放ったらかしにするみたいね」

クラーラはまた怒りを示しましたが、その後は少し落ち着いて、言いました。

「ネプタ、私こそ文句ばかり言って、御免なさい。でもやっぱり、限度ってものがあるんじゃない？　ここはひとつ、私のことは放っておいて、他の誰かにその役を任せられたりしないのかしら？」

クラーラは淡い期待を込めて尋ねましたが、それに対する答えはどうせ一つしかないと、薄々気づいていました。

「……いいえ、花嫁役は、あなた様でなければなりません」

ネプタは、それは絶対にできないとばかりに、即座に返答しました。

「はぁ……　分かったわよ。で、私の結婚のお相手は誰なのかしら？　今度はヘビか、魚とかの妻になるの？」

クラーラは拗ねてしまって、皮肉を言っています。どうせ望みは薄いのだと言いたいのでしょう。

「光の元老院にいる、密かに闇の輪を抱いている男性ですが、それが誰なのかは式が終わるまで明かすことができません。光と闇の全ての要素の結合を象徴する、聖なる結婚式です。しかし、一応は結婚式という形をとる以上、役者となる人物が必要となります。純粋な結合の儀式が終われば、宇宙の二元性の完成を物理的に示すことができます。その重要な式典の花嫁役に、あなた様が選ばれたのです。どうか、私たち全員の解放のため、この最後のご使命を果たしてくださいませんか」

ネプタが懇願します。

恩人のネプタの頼みを断ることはできず、再び天の計画の一役者となるため、クラーラは嫌々ながらも首を縦に振りました。

オリオンへの声明文

天に輝くオリオン座よ……
あなたの秘密を知ってしまった
しかしもう　恐れない

あなたの暗黒の歴史に
囚われ続ける私じゃない

恥ずべき過去
挫折　失敗　罪悪感……
そうした黒歴史に
悩み続ける自分を救い出すと決めた
あなたの二元性のピラミッドを
こうやって　内側で組み合わせれば
自由への鍵は手に入る……

41　神聖な合体

荘厳な音楽がオリオン理事会の会場に響き渡ります。クラーラは長い黒装束を着て、祭壇へと進んでいきました。彼女の顔は真っ黒なベールの下に隠れ、外からは見えません。漆黒のベールの表面には、小さな星々がたくさんちりばめられ、光をキラキラと反射していました。彼女の歩む先には、背の高い男性が、彼女とは対照的に白装束を着て立っていました。こちらの男性も、顔は厚いベールに覆われて見ることができません。

クラーラが祭壇の前に辿り着き、新郎新婦はメタトロンとネプタの間で、向かい合わせになりました。

聖大天使メタトロンが宣言しました。

「これより、我らが光と闇の神聖なる結合式を執りおこないます。本次元宇宙において、初となる試みであり、二元性の枠組みの完了を意味する永遠の印を刻み、新次元〈ニュー・オクターブ〉への入り口を作り出す、二元性の修了式であり、自由と一元性への突入の魁《さきがけ》となる、この世界における最重要の儀式です」

二人の方を向いて、メタトロンは尋ねました。

「ご両名に問います。全身全霊をもって、その生涯を一なるものへと捧げることを、誓いますか?」

「誓います」黒衣の女性が、一なるものへと人生を捧げることを、本音で誓いました。

「誓います」白衣の男性が、固い信念をもって力強く、そう答えました。

ネプタが結晶で作られた聖杯を二人に差し出しました。黄金の魔法の液体〈エリクサー〉が聖杯を満たしています。

「光と闇を一つにするという決心の表れとして、こちらの純真な愛の蜜を飲み干してください。さすれば、すべてを隔てている壁が溶けて、あなた方は永遠に一つになるでしょう」

ネプタの言葉を聞き、クラーラに一抹の迷いが生じました。不意に悔しさの涙が溢れ出てきます。どこの誰かも分からぬ男性と、一元性世界へと旅立つ誓いを立てさせられるなんて、なんて勝手な判断をするのか。しかし、彼女は思いました。『自分が本当は何者なのか、絶対に忘れなければ良いだけじゃない』そして、崩れ落ちそうになるのを必死で堪えました。これはあくまで、彼女のエゴが『結婚なんてしたくない』と喋っているに過ぎないのです。これは実際の個人的な結婚式ではなく、単なる象徴的な式ですから、よくよく考えればそんなに重く受け止めることでもないかと感じ始めたのです。自分はここでは、ただの闇の源たる象徴を演じることを要求されているだけであって、後は筋書き通りに、光の源たる存在を演じる男性と結ばれる演技をしていればいいだけなのです。それに、この宇宙の両極性が合わさって消えてくれたら、あらゆる不和は解消するでしょうし、そうすれば苦しみも不平等もみんな消え去って、個に分離することの痛みが何もない、平和で調和した世界がやってくるということは、彼女にとっても理屈では分かっていたことでした。

聖杯を手渡され、彼女はそれをベールの下にある唇に当て、一気に飲みました。黄金の霊薬が全身に行き渡り、純心愛〈ピュア・ハート・ラブ〉で温められるのを感じました。強烈な愛の波動は、彼女の中に残っていた不安や恐れを一度に取り払ってくれました。飲み終えると、彼女は聖杯を目の前にいる男性に手渡しました。彼もまた、純愛のエリクサーを飲みます。

式典の最後を締めくくるに相応しい、壮大で華やかな音楽が奏でられます。クレッシェンドは、彼女のこれまでの人生を総括するような、天上の音楽のように聞こえました。その後、音楽は静かな愛の旋律へと移っていきました。二人の上空は、結婚を祝福するように純白の光で満たされています。

そこへ、天使ルミナラが光の翼を広げ、螺旋を描きながら室内中央に降りてきました。天からの使いへの畏敬の念を示しながら、観衆は静かに見守ります。

時間と空間という
幻の向こう側には

一なるもの

ただそれしか　いません

光も闇も
ただの幻

思い出してください
自分を解放してあげてください

そうすれば
もうあなたは　自由です

一なるものの歌声は
広く天界に響き渡り
未来永劫に

分離の幻を
解消して……
私たちの本質核〈トゥルー・コア・エッセンス〉を
混ぜ合い
一つに溶け込んでいきます
純心愛は
何にも勝る力

新音階へと進むために
私たちの背中を後押ししてくれる力

42　ルミナラ

そして、天使ルミナラはそこに集まった全ての人々に、宣言しました。

一なるものより来たりし、我が最愛の皆様へ……

只今、私はかつて誰も経験したことがなかった領域より、戻ってまいりました。これまで誰にも見られたことがなかったものを、私は見てまいりました。私は、ＡＮの目を通して、深淵の不認識・不可視世界へと旅立っていったのです。この次元宇宙の誰も見ることも知覚することもできなかった非可視世界はじつに心地よく、本音を言うとずっと留まっていたかったのですが、皆様に絶対にお伝えしなければいけないと思い、こうして戻ってまいりました。

皆様に提供すべく、贈り物を携えてきております。皆様の、完成の扉を開ける鍵でございます。「先のその先」へと続く道を示す地図とも言い換えられます。道の途中には、この世界に差し迫っている、自由と解放への扉もあります。その扉の先には回廊があり、そこを通り抜けると、想像もつかないほど光溢れる領域があり、愛の新音階があります。その扉を安全に開けることができるのが、こちらの鍵なのです。先のその先の世界では、不可視なる神性が、あらゆるものに浸透しています。純心愛はこちらの会議室の中だけではなく、二元性が支配するこの次元宇宙全体に、史上初めて溢れ出すでしょう。私は、それを引き起こすために、物質界に戻ってきたのです。

私という存在の根幹には、やはり一元性があります。私は一元性を信じます。これは絶対に何者にも覆せない真実なのです。したがって、私が皆様の前に降り立つだけで、二元性の支配は弱まり、やがて解消するでしょう。私たちは個々の存在であるという分離の幻は、やがて未来永劫消え去るでしょう……

時間、空間、そして物質という、皆様にとって自然な状態である一元性の真実が表現されるのを長い間妨げてきたものは、いまこの場においては支配を緩めています。そのため、皆様は二元性の敵対の幻から解放されようとしているのです。

私からの贈り物とは、無時間の無限大、すなわち拡大された「今、此処」でございます。私が今、ここで「超現実〈ウルトラ・グレーター・リアリティ〉」に立ちながら、皆様の目前にも立つことで、皆様がそれを肌で感じられるようにしたいのです。

さあ、私と共に来てください。共に、一なる愛の輝く星という故郷に参りましょう。そのためにも、一なる存在として私たちが結集しなければなりません。私たちは真の自分自身として完全に正体を曝け出すには、個々人を装うために築き上げてきた外壁を全て放棄しなければなりません。

ルミナラが一旦言葉を止めて、聴衆の反応を待つべく沈黙しました。

そこへ、クラーラが躊躇《ちゅうちょ》なく前に踏み出して、宣言しました。

「私は黒衣を脱ぐ準備なら、できているわ。私は、光側でも闇側でもない。ずっと昔から、一なるものと一緒なのよ」

彼女が黒衣を脱ぎ去り、顔を隠していたベールを剝ぎ取ると、眩い光が全身から溢れ出てきました。まるで光の服を着ているようです。それを見て、周囲からは歓声が上がります。

次にアアラダールが前に出て、白衣を脱ぎ去り、宣言しました。

「未知への旅立ちなら、望むところだ。こうして最愛の人と結ばれることができた。もう二元性世界での人生に、一点の悔いなし！」

彼もクラーラと同じく、全身が輝いていました。

クラーラは、先ほど結婚したばかりである謎のお相手の正体がアアラダールだったことに驚き、大喜びしました。

「アアラダール！　私、あなたのお嫁さんになれたのね！」

アアラダールはクラーラを抱きしめながら、優しく言いました。

「きみの相手が務まる男が、他にいるかい？」

彼は黒衣の女性を一目見て、すぐにクラーラだと看破していたようです。

「与えられた天命を全うするという生き方も、悪くはない。苦労した分だけ、達成した時の喜びも大きくなる。最愛の人との、最高の人生を歩める」

アアラダールとクラーラは抱きしめ合い、純心愛の眩い光を放ちながら、一つの存在として結合してゆくのを見せました。

そこへ、また一つの声が上がりました。ぶっきらぼうな声の持ち主は、クイントロンでした。感極まったしわがれ声で宣言します。

「ほらよ、俺も舞台衣装を脱ぐとするぜ。元から、どっち側に付くとか、そういうのは性に合わなかったんだ。俺みたいな一匹狼は他にも沢山いるだろう。これからは独りでやるより、みんなで独りになって、やっていくとするかい！」

黒衣を脱いだクイントロンも、前の二人と同じく、光体〈ライトボディ〉を起動させました。

オリオン理事会は歓声に包まれました。クイントロンの呼びかけに応えるようにして、シャカールも、カウトロンも、ロールマクスも、みんな自分が身につけていた服を脱ぎ、本来の光の体へと戻っていきました。二元性の舞台衣装を全員が脱ぎ去るまでに、それほどの時間を要しませんでした。理事会室は今、眩しくて何も見えません！

ネプタとメタトロンは、二人ともすでに一なる光を纏っていたことに、クラーラは今になって気づきました。それもそのはず、今の状態になってようやく彼らの服が可視になったのです。

ルミナラは翼を広げたまま、部屋の中央に静かに佇んでいました。皆の意向を聞いて、満足そうにムードラをゆっくりと披露しました。それにしたがって、喧騒も消えてゆき、やがて理事会は静寂に包まれました。それは羽毛のように柔らかく、温かな静寂でした。真の平和とはこういうものだと、その場にいた全員が身をもって理解しました。

ルミナラは妹のクラーラに歩み寄り、再会の抱擁をしました。クラーラが姉の瞳を見入ると、堰き止められていた記憶が洪水のように流れ出しました。自分は確かに、天使だった！　大きな、どこまでも続く星天を自由気ままに飛び回っていた、あの頃の記憶が、また自分のものになったのです。

「ルミナラお姉様！　良かった、やっとまた会えて。ずっと待ってた。本当に、長かった！」

アアラダールの方を振り返って、今し方起きた経験を自分の夫にも伝えます。

「アアラダール！　全部、思い出したわ！」

それは明らかな変化として、彼女の表面にも表れていました。長らく内側に秘められてきた、彼の知らなかった、素のクラーラが今、包み隠さず現世に表れているのです。

クラーラは姉の手を取り、真っ直ぐに謝意を表します。

「ありがとう、お姉様。ずっと私を見守っていてくれたのね。そして、助けに来てくれた」

ルミナラも笑顔になり、妹に答えます。

「もう翼も元通りね。心配しないで、それは欲しい時に出てくるの。光の体の一部だからね。あと、アアラダールさんにお礼を言っておきなさい。私に付き添ってくれて、大変だったんだから、ね？」

「知ってるわ。みんな、本当にありがとう！　アアラダール、ネプタ、それに美味しいベガ・ウエハースにも！　……あ、シャカールも頑張ってくれて、ありがとね！」

お菓子の後に名前を呼ばれたのがちょっぴり気になりましたが、それでも老蜘蛛は、女王からの賛辞にウキウキになって喜んでいます。

パーティが始まったような楽しい雰囲気の中、天界から歌声が聞こえてきました。

歌が地上に迫ってくると、金色の白い光が差してきます。一同は、その奇跡を起こした主を敬い、無言になりました。

そして、誰もが予想しなかった展開になりました。

宇宙で二元性原理が発足されて以来初となる、エロヒム円卓会議が上空に姿を現したのです。天空神たちの到来を告げる歌声は、エロヒムが回転しながら地上に向かって降りていくと共に、次第に大きさを増していきました。円卓がオリオン理事会の中央上空に座すと、メタトロンが敬礼し、宣言しました。

「任務完了。二元性の枠組みは、ここに完成となりました。これにより、この次元宇宙（せかい）の者は皆、一なるものとして進化する準備ができたことになります。我はようやくこの責務から解放されました。我らが神聖な使命は、無事に果たされたのです。この先の、11：11の扉の向こう側には、ルミナラが案内役となります。我は最後の一人が向こう側に渡るまで、ここに残ることになっています。なぜなら、我は扉を閉める者だからです」

ルミナラが翼を広げて、上空に舞い上がり、エロヒムたち光の存在へ深々と敬礼しました。

「一なるものより来たりし、最愛の者たちよ。これが私の最後の言葉となるでしょう。以後、言葉はもはや、不必要になるからです。想いを伝えるのは言葉だけではありません。愛があれば、想いは無限に表現できるのですから」

「私たちが一丸となって旅立つにあたり、この次元宇宙で見知ったこと、経験して、大事にして、覚えてきた全てを、捨て去る覚悟が必要になります。これまで築き上げてきた、個人としての自己認識への執着を、進んで手放さなければならなくなります。ただ、一なるものの光だけを受け、本当の自分自身であり続けなければなりません。なぜなら、本当のあなた自身は、初めから一つしかないのです」

「二元性の宇宙舞台劇はついに終幕しました。今、私たちはここに立って、長年お世話になった衣装を丹念に、愛を込めて脱ぎ捨て、このドラマの本当の意味を、各自で嚙み締めて理解していきます。皆様が二元性世界を通過する際に手に入れてきた全ては、全員の役に立つ素材になります。記憶が完全に戻り、再び一つになることで、私たちという一なる星は変化・成長し、さらに偉大な中心太陽系に合わさることができるようになるのです。これが天の計画の全容です。全体性、利他を求め続けていけば、いずれ解放と自由を得ていくよう、定められているのです。さあ、故郷へと還りましょう。一元性の意識に回帰することで、一なるものは輝きを増してゆきます」

「目の前にある開かれた扉を通ることで、二元性原理が裏返しになり、分離の幻ではなく一元性の世界を選択した皆様は、ようやく自由になります。有限の個人的枠組みではなく、超現実を自らの現実として選択した者として」

「二元性の領域においては、個々の意識として達成できる最高の到達点は、無条件の愛と呼ばれる境地でした。私たちは今、それすらも捨て去って、新たな純心愛の境地へと移行しようとしています。それは、誰かを愛する個人的な愛ではなくて、愛が自分の内側と外側に水や空気のように普遍的に存在していて、それが当たり前な、普通の状態になっていることです。私たちという一なる星を繋ぎ合わせている接着剤が、この純心愛なのです。愛は本来、呼吸する空気であり、私たちが立つ大地そのものです」

「皆様が見知ってきた物質にも、大きな変化が起きています。物質と精神はもはや切り離されてはおらず、光と闇のように、天と地も融合を遂げたのです。現実が何なのかを決める基準として物質に頼る必要は、もうなくなりました」

「不可視の世界とは、霊界への旅立ちであるとも言えます。そこでの光はことは音階そのものが異なり、とても輝いていて、純粋で、大きな広がりを見せ、繊細な甘みを帯びています。その光で照らされた世界では、今まで見えなかったものが見えるようになります。新しい世界での万物の在り方に、自らを根付かせていくことで、皆様の本来の偉大さ、無限の可能性を発見していってください」

「個人意識が全体性の一なる意識に溶け込んで、より偉大な存在となると、物質に根付かせていた個我の執着心は薄れていき、いつの間にか消えて、忘れてしまいます。一元性の広大な海の方に、自分自身を固定するのです。そうすれば、二元性自体が一元性に永遠に固定されるでしょう。二元性を通過する旅の終着点が、そこです。終わりまで辿り着いたら、あとは愛の道を渡っていくだけでいいのです」

「こうして皆様は二元性の旅を終えられて、ここに立っておられます。11：11の扉を抜けて、新音階へと進む覚悟はできていますね。さあ皆様、純心愛を受け取る覚悟はおありですか」

ルミナラが秘伝のムードラを見せると、体から虹色の細い光線が沢山伸びて出てきます。理事会室にいた全員が、その柔らかな光線の温もりに当てられ、言い知れぬ深い愛を肌身に感じました。

そして
オリオン理事会に
居合わせた者全ては

融合し
一なる存在に
変化していきました

時間はそこから

永遠に動きませんでした
無時間の領域へと
全てが移行したのです
二つの進化の渦が交差し
そして
扉は開かれました

二元性は
音もなく
裏返しになり
そしてもう
存在しなくなりました
一なる存在となって
一人一人が
団結して

11：11の扉を抜けて

その先にある
不可視の世界へと

旅立ってゆきました……

移行と同時に

透明な世界は

オリオン理事会の面々の前に
その全貌を現していきました
あなたも　できていますか
移行の準備をする
その御覚悟は
虹色の扉は
今

あなたの目の前で
大きく開かれたままで
不可視の世界が
あなたが来るのを待っています……

忘れないで
超現実への入り口は

いま　ここに　あるのだということを

こうして
移行は完了し

オリオン理事会は
一なるものの会に
なったのでした……

謝辞

本書をお読みになられた全ての皆様へ

そしてこのお話で大昔の記憶が蘇ってきたという方々、ならびに過去、現在、未来、そして永遠の今における、私の負担を軽くすることに貢献してくださった方々へ、この場をお借りして、感謝の念を贈らせていただきます。

それから、地球上にいる全てのオリオン人の皆様へ

まだ闇の勢力として、光の勢力として戦い続ける演技をすることで、私に大きな教訓を与え、解放してくださり、誠にありがとうございます。

原著者　Solara ソララ
現在はペルーにあるインカの聖なる谷に在住。世界中の人々から尊敬を集める惑星地球への奉仕活動家であり、『不可視』の領域を勇敢に探求し続ける霊視者。そして6冊の形而上学の名著の作家でもある。1987年から数多くの公開対談、ワークショップを開き、スターボーンたちの再会の場を設け、世界中で11：11の門の活性化の会を主催し、11：11の神聖な舞や一元性などの知識を人々に授けてきた。

ソララの願いは有名なグルになることでもチャネラーになることでもなければ、信者も必要とせず、ただ人々が「本当の自分」となって「超現実」で生きる道を示すことである。

「私は、私以上でも、私以下でもなく、しかし私以外の何者でもありません」

著書に『スターボーン』、『レムリアの王 アルタザールの伝説』（どちらもヒカルランド出版）がある。

https://nvisible.com/

翻訳者　Nogi ノギ
日本生まれ、現在マダガスカル在住。翻訳家。真実の探求家。二元性の幻影に従うのではなく、「本当の自分＝I AM Presence」の導きに従う人生を求め続ける。地上にソララが提唱する「真実の島（旧称：光の島）」を具現化することを目標としている。
Twitter @NOGI1111_
https://cocreative.theshop.jp/

オリオンの癒し
EL・AN・RA（エル・アン・ラー）
超次元転換のカギ

第一刷　2023年2月28日

著者　ソラ（Solara）
訳者　Nogi

発行人　石井健資
発行所　株式会社ヒカルランド
〒162-0821　東京都新宿区津久戸町3-11　TH1ビル6F
電話　03-6265-0852　ファックス　03-6265-0853
http://www.hikaruland.co.jp　info@hikaruland.co.jp
振替　00180-8-496587
本文・カバー・製本　中央精版印刷株式会社
DTP　株式会社キャップス
編集担当　伊藤愛子

ISBN978-4-86742-190-1

自然の中にいるような心地よさと開放感が
あなたにキセキを起こします

神楽坂ヒカルランドみらくるの1階は、自然の生命活性エネルギーと肉体との交流を目的に創られた、奇跡の杉の空間です。私たちの生活の周りには多くの木材が使われていますが、そのどれもが高温乾燥・薬剤塗布により微生物がいなくなった、本来もっているはずの薬効を封じられているものばかりです。神楽坂ヒカルランドみらくるの床、壁などの内装に使用しているのは、すべて45℃のほどよい環境でやさしくじっくり乾燥させた日本の杉材。しかもこの乾燥室さえも木材で作られた特別なものです。水分だけがなくなった杉材の中では、微生物や酵素が生きています。さらに、室内の冷暖房には従来のエアコンとはまったく異なるコンセプトで作られた特製の光冷暖房機を採用しています。この光冷暖は部屋全体に施された漆喰との共鳴反応によって、自然そのもののような心地よさを再現。森林浴をしているような開放感に包まれます。

みらくるな変化を起こす施術やイベントが
自由なあなたへと解放します

ヒカルランドで出版された著者の先生方やご縁のあった先生方のセッションが受けられる、お話が聞けるイベントを不定期開催しています。カラダとココロ、そして魂と向き合い、解放される、かけがえのない時間です。詳細はホームページ、またはメールマガジン、SNS などでお知らせします。

★《AWG ORIGIN》癒しと回復「血液ハピハピ」の周波数

生命の基板にして英知の起源でもあるソマチッドがよろこびはじける周波数をカラダに入れることで、あなたの免疫力回復のプロセスが超加速します！

世界12カ国で特許、厚生労働省認可！　日米の医師＆科学者が25年の歳月をかけて、ありとあらゆる疾患に効果がある周波数を特定、治療用に開発された段階的波動発生装置です！　神楽坂ヒカルランドみらくるでは、まずはあなたのカラダの全体環境を整えること！　ここに特化・集中した《多機能対応メニュー》を用意しました。

A．血液ハピハピ＆毒素バイバイコース
（AWG コード003・204）　60分／8,000円
B．免疫 POWER UP　バリバリコース
（AWG コード012・305）　60分／8,000円
C．血液ハピハピ&毒素バイバイ+免疫 POWER UP バリバリコース　120分／16,000円
D．脳力解放「ブレインオン」併用コース　60分／12,000円
E．AWG プレミアムコース　9回／55,000円　60分／8,000円×9回
※その都度のお支払いもできます。

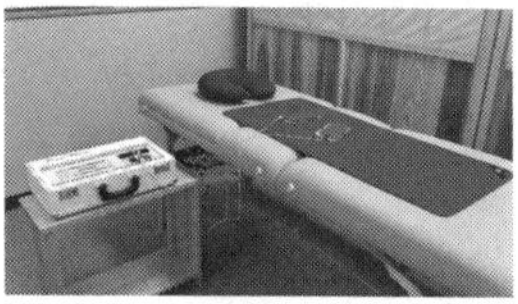

※180分／24,000円のコースもあります。
※妊娠中・ペースメーカーご使用の方にはご案内できません。

AWGプレミアムメニュー

1つのコースを一日1コースずつ、9回通っていただき、順番に受けることで身体全体を整えるコースです。2週間～1か月に一度、通っていただくことをおすすめします。

①血液ハピハピ＆毒素バイバイコース　②免疫 POWER UP バリバリコース
③お腹元気コース　④身体中サラサラコース
⑤毒素やっつけコース　⑥老廃物サヨナラコース
⑦⑧⑨スペシャルコース

★音響チェア《羊水の響き》

脊髄に羊水の音を響かせて、アンチエイジング！
基礎体温1℃アップで体調不良を吹き飛ばす！
細胞を活性化し、血管の若返りをはかりましょう！

特許1000以上、天才・西堀貞夫氏がその発明人生の中で最も心血を注ぎ込んでいるのがこの音響チェア。その夢は世界中のシアターにこの椅子を設置して、エンターテインメントの中であらゆる病い／不調を一掃すること。椅子に内蔵されたストロー状のファイバーが、羊水の中で胎児が音を聞くのと同じ状態をつくりだすのです！　西堀貞夫氏の特製 CD による羊水体験をどうぞお楽しみください。

A．自然音Aコース　60分／10,000円
B．自然音Bコース　60分／10,000円
C．自然音A＋自然音B　120分／20,000円

神楽坂ヒカルランド
みらくる
Shopping & Healing

神楽坂《みらくる波動》宣言！

神楽坂ヒカルランド「みらくる Shopping & Healing」では、触覚、聴覚、視覚、嗅（きゅう）覚、味覚の五感を研ぎすませることで、健康なシックスセンスの波動へとあなたを導く、これまでにないホリスティックなセルフヒーリングのサロンを目指しています。ヒーリングは総合芸術です。あなたも一緒にヒーリングアーティストになっていきましょう。

★ミトコンドリア活性《プラズマパルサー》

ミトコンドリアがつくる、生きるための生命エネルギーATP を３倍に強化！
あなただけのプラズマウォーターを作成し、
疲れにくく、元気が持続するカラダへ導きます！

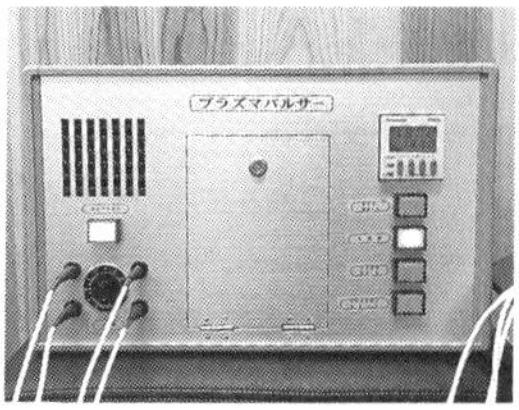

液晶や排気ガス装置などを早くからつくり上げ、特許を110も出願した天才・田丸滋氏が開発したプラズマパルサー。私たちが生きるために必要な生命エネルギーは、体内のミトコンドリアによって生産される ATP。この ATP を３倍に増やすのと同じ現象を起こします！　ATP が生産されると同時につくられてしまう老化の元となる活性酸素も、ミトコンドリアに直接マイナス電子を供給することで抑制。短い時間でも深くリラックスし、細胞内の生命エネルギーが増え、持続力も増すため、特に疲れを感じた時、疲れにくい元気な状態を持続させたい時におすすめです。

プラズマセラピー（プラズマウォーター付き）30分／12,500円（税込）

こんな方におすすめ

元気が出ない感じがしている／疲れやすい／体調を崩しやすい／年齢とともに衰えを感じている

※妊娠中・ペースメーカーご使用の方、身体に金属が入っている方、10歳未満、81歳以上の方、重篤な疾患のある方にはセラピーをご案内することができません。
※当店のセラピーメニューは治療目的ではありません。特定の症状、病状に効果があるかどうかなどのご質問にはお答えできかねますので、あらかじめご了承ください。

★植物の高波動エネルギー《ナノライト（ブルーライト）》

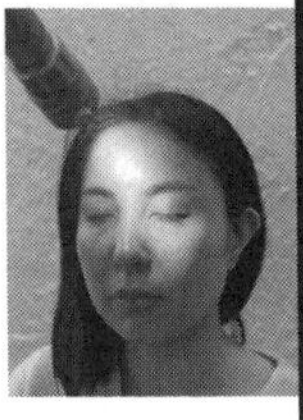

高波動の植物の抽出液を通したライトを頭頂部などに照射。抽出液は13種類、身体に良いもの、感情面に良いもの、若返り、美顔……など用途に合わせてお選びいただけます。より健康になりたい方、心身の周波数や振動数を上げげたい方にピッタリ！

A．健康コース　7か所　10～15分／3,000円

B．メンタルコース　7か所　10～15分／3,000円

C．フルセッション（健康＋メンタルコース）　15～20分／5,000円

D．ナノライト（ブルーライト）使い放題コース　30分／10,000円

★ソマチッド《見てみたい》コース

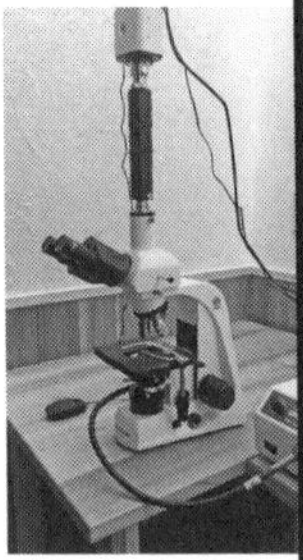

あなたの中で天の川のごとく光り輝く「ソマチッド」を暗視野顕微鏡を使って最高クオリティの画像で見ることができます。自分という生命体の神秘をぜひ一度見てみましょう！

A．ワンみらくる　1回／1,500円（5,000円以上の波動機器セラピーをご利用の方のみ）

B．ツーみらくる（ソマチッドの様子を、施術前後で比較できます）2回／3,000円（5,000円以上の波動機器セラピーをご利用の方のみ）

C．とにかくソマチッド　1回／3,000円（ソマチッド観察のみ、波動機器セラピーなし）

★脳活性《ブレインオン》

聞き流すだけで脳の活動が活性化し、あらゆる脳トラブルの予防・回避が期待できます。集中力アップやストレス解消、リラックス効果も抜群。緊張した脳がほぐれる感覚があるので、AWGとの併用もおすすめです！

30分／2,000円

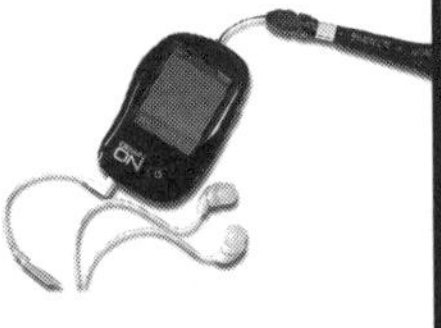

★激痛！ デバイス《ドルフィン》

長年の気になる痛み、手放せない身体の不調…たったひとつの古傷が気のエネルギーの流れを阻害しているせいかもしれません。他とは全く違うアプローチで身体に氣を流すことにより、体調は一気に復活しますが、痛いです！！！

A．エネルギー修復コース 60分／15,000円

B．体験コース 30分／5,000円

★量子スキャン＆量子セラピー《メタトロン》

あなたのカラダの中をDNAレベルまで調査スキャニングできる
量子エントロピー理論で作られた最先端の治療器！

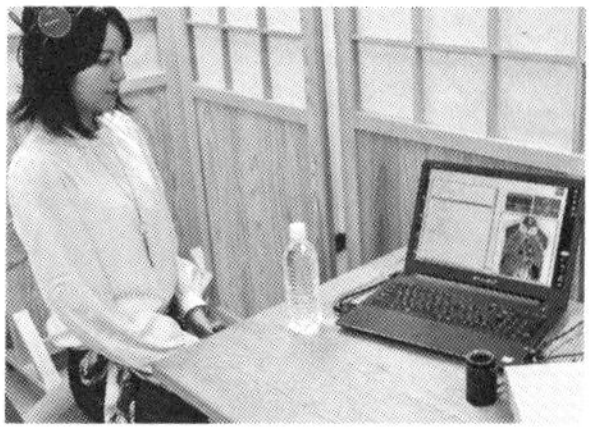

筋肉、骨格、内臓、血液、細胞、染色体など――あなたの優良部位、不調部位がパソコン画面にカラーで６段階表示され、ひと目でわかります。セラピー波動を不調部位にかけることで、その場での修復が可能！　宇宙飛行士のためにロシアで開発されたこのメタトロンは、すでに日本でも進歩的な医師80人以上が診断と治癒のために導入しています。
A．B．ともに「セラピー」「あなたに合う／合わない食べ物・鉱石アドバイス」「あなただけの波動転写水」付き。

A．「量子スキャンコース」　60分／10,000円
あなたのカラダをスキャンして今の健康状態をバッチリ６段階表示。気になる数か所へのミニ量子セラピー付き。
B．「量子セラピーコース」　120分／20,000円
あなたのカラダをスキャン後、全自動で全身の量子セラピーを行います。60分コースと違い、のんびりとリクライニングチェアで寝たまま行います。眠ってしまってもセラピーは行われます。
《オプション》＋20分／＋10,000円（キントン水8,900円含む）
「あなただけの波動転写水」をキントン水（30本／箱）でつくります。

★脳活性《ブレイン・パワー・トレーナー》

脳力UP＆脳活性、視力向上にと定番のブレイン・パワー・トレーナーに、新メニュー、スピリチュアル能力開発コース「0.5Hz」が登場！　0.5Hzは、熟睡もしくは昏睡状態のときにしか出ないδ（デルタ）波の領域です。「高次元へアクセスできる」「松果体が進化、活性に適している」などと言われています。

Aのみ　15分／3,000円　　B～F　30分／3,000円
AWG、羊水、メタトロンのいずれか（5,000円以上）と同じ日に受ける場合は、2,000円

A．「0.5Hz」スピリチュアル能力開発コース
B．「6Hz」ひらめき、自然治癒力アップコース
C．「8Hz」地球と同化し、幸福感にひたるコース
D．「10Hz」ストレス解消コース
E．「13Hz」集中力アップコース
F．「151Hz」目の疲れスッキリコース

ヒカルランド　好評既刊！

地上の星☆ヒカルランド　銀河より届く愛と叡智の宅配便

エジプトの謎：第一のトンネル
著者：ラドウ・シナマー
編集：ピーター・ムーン
訳者：金原博昭
四六ソフト　本体 3,000円+税

この惑星をいつも見守る
心優しき地球外生命体たち
著者：エレナ・ダナーン
訳者：佐野美代子
四六ソフト　本体 3,000円+税

人類の操縦者と【偽の地球】ホログラフィック惑星
著者：A・ジョルジェ・C・R／高木友子
四六ソフト　本体 2,000円+税

ウブントゥ
著者：マイケル・テリンジャー
訳者：田元明日菜
推薦：横河サラ
A５ソフト　本体 2,500円+税

ヒカルランド　　好評既刊！

地上の星☆ヒカルランド　銀河より届く愛と叡智の宅配便

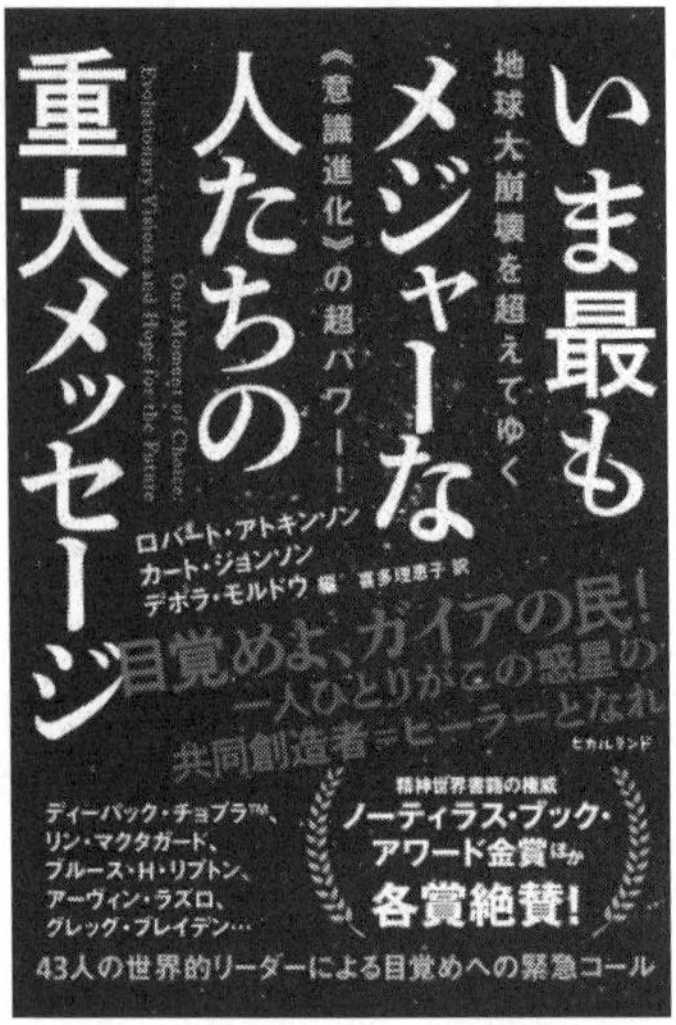

地球大崩壊を超えてゆく《意識進化》の超パワー！
いま最もメジャーな人たちの重大メッセージ
編者：ロバート・アトキンソン／カート・ジョンソン／デボラ・モルダウ
訳者：喜多理恵子
四六ソフト　本体 3,000円+税

【イラスト完全ガイド】110の宇宙種族と未知なる銀河コミュニティへの招待
著者：エレナ・ダナーン
監修：上村眞理子
訳者：東森回美
四六ソフト　本体 3,300円+税